2024年度版

医療秘書技能検定
実問題集

3級 ①
第67回〜71回

「医療秘書実務」
「医療機関の組織・運営、医療関連法規」
「医学的基礎知識、医療関連知識」

本書で学ばれる皆さんへ

　現代における医療は、複雑・高度化による機能分化が進み、チーム医療の的確かつ円滑な推進が以前にも増してより強く望まれるようになってきました。
　こうした状況の中でクローズアップされてきているのが、近代医療を積極的にサポートするコ・メディカル・スタッフとしての医療秘書の存在です。

　医療秘書は、医療機関の中で、診療・看護・医療技術・介護の行使に関する業務を、知識と技能で遂行する職業で、医療チームにおいて専門的な援助と各部門間の連絡調整に当たる役割を持ちます。今後、近代医療の一層の高度化にともなって、さらにその存在は重要視されるでしょう。

　しかしながら、そのニーズの増大とともに学校数、学生数は年を追って増加しているものの、教育内容が十分整理されていないのが現状であり、教育者また医療機関から医療秘書教育の基準となる資格認定の制度化が強く求められてきました。「医療秘書技能検定試験」は、このような社会要請に応えるべく、医療秘書教育の充実と医療秘書の社会的地位向上を目的に発足した医療秘書教育全国協議会が実施する検定試験です。
　この検定は、医療秘書としての専門知識と技能を判定するものであり、それが医療秘書をめざす学生にとって学習の励みとなり、また採用する側でも習得レベルの判断材料になるものと信じます。
　本書により意欲的に学習し、いち早く合格され、スペシャリストとして社会医療の第一線で活躍されるよう願っております。

一般社団法人
医療秘書教育全国協議会　前会長

日野原重明

2024年度版
医療秘書技能検定　実問題集3級①

目次

■本書の使い方

①本書は、問題編と解答・解説編から構成されています。

　※解答・解説編は、本編から抜き取れるようになっています。必要に応じて抜き取ってご利用ください。

②本試験問題の答案は、本試験と同様に、各回問題巻末の解答用紙に記入してください。

③検定実施団体の医療秘書教育全国協議会では、本試験の配点を公表していません。本書の問題についても採点は利用者ご自身にお任せしています。

④医療関係の法規は常に改正される可能性のあるものです。本書ご利用の際に既に改正されていることがあり得ることを、あらかじめご了承ください。

医療秘書技能検定
実問題集3級①

本試験問題

<お断り>
　この問題集に掲げた本試験の医療関連法規の問題の内容の一部を改正後(2024年4月1日現在)のものに合うように改めております。解答についても同様に改めてあります。

答案は解答用紙に記入してください。

第 67 回（ 2021 年 11 月 7 日実施 ）

医療秘書技能検定試験 3級

問題① 「医療秘書実務」〜「医療関連知識」

試験時間 55 分

【医療秘書実務】

1. 次は、「医療秘書の身だしなみ」について述べたものである。文中の（　　　）の中に入る最も適切な語句を語群から選び、その番号のマーク欄を塗りつぶしなさい。

　　受付窓口を担当する医療秘書は、医療機関の（ 1 ）とも言われている。不安な気持ちを抱えて来院する患者もいるため、医療秘書は（ 2 ）感のある身だしなみで、安心感と（ 3 ）感を与えられなければならない。例えば、化粧は（ 4 ）を心掛け、顔に髪がかからないようにまとめておくなどである。

　　また、患者対応はもちろん、急な（ 5 ）対応などもあるため、どのような年齢層、立場の人と接する際にも感じよく対応できるよう、自分が相手からどのように見られるかを常に意識する習慣が必要である。

〔語　群〕
① 代表　　② 院長　　③ 透明　　④ 信頼　　⑤ 清潔
⑥ 顔　　　⑦ 見栄え　⑧ 素顔　　⑨ 薄化粧　⑩ 来客

2. 次は、「患者応対の言葉遣い」について述べたものである。正しいものには①の、誤っているものは②のマーク欄を塗りつぶしなさい（①または②のみにマークする機械的な解答は、該当するすべての設問を0点とする）。

6 初めての患者には、「初診ですか」と聞くよりも「初めてでいらっしゃいますか」と声をかけるようにする。

7 症状を聞くときは、「今日はどうなさいましたか」と優しく尋ねるようにする。

8 待ってもらうときは、「ちょっとお待ちください」と丁寧に応対する。

9 自分では分からないことを聞かれたときは、「私では分かりかねますので」と伝え、分かる職員に代わってもらう。

10 会計を終えて帰る患者には、必ず「どうぞお大切にしてください」と声をかける。

【医療機関の組織・運営、医療関連法規】

1．次の文章は「医療保険制度」について述べたものである。（　　　　）の中に入る最も適切な語句または数字を下記の語群より選び、その番号のマーク欄を塗りつぶしなさい。

　　日本の医療保険制度は、すべての国民が何らかの（　11　）に加入する体制、すなわち（　12　）が 1961 年から実施されている。この制度は、被保険者などが疾病または負傷した場合、保険医療機関と（　13　）の契約により、（　14　）を担当する保険医療機関が直接医療サービスを行い、費用は給付として定められている限度において、すべて（　13　）から医療機関に支払われる。このことを（　15　）という。

　　その他の特徴としては、患者が自らの意思により、（　16　）に医療機関を選択することができる（　17　）があげられる。そのとき必要になるのが、（　13　）が発行した（　18　）である。患者が保険医療機関に受診する際、窓口に提示することで（　14　）に関しては（　15　）となる。また、患者が（　18　）を保険医療機関に提示しない場合は、（　14　）とはならず（　19　）となり、（　20　）の対象とはならない。

〔語　群〕
① 保険者　　② 自由　　③ 被保険者証　　④ フリーアクセス　　⑤ 自由診療
⑥ 保険診療　　⑦ 国民皆保険制度　　⑧ 現物給付　　⑨ 保険給付　　⑩ 公的医療保険

2．次の文章を読み、正しいものは①の、誤っているものは②のマーク欄を塗りつぶしなさい（①または②のみにマークする機械的な解答は、該当するすべての設問を 0 点とする）。

　21　標準報酬月額を決定する報酬は、賃金、給料、手当、賞与その他いかなる名称であるかを問わず、労働者が労働の対価として受けるすべてのものをいう。

　22　保険医療機関は指定の日から起算して 6 年を経過したときに、その効力を失う。

　23　診療録の法的保存期間は 3 年間である。

　24　営利を目的として医療機関を開設してはならない。

　25　病院の機能が最大に発揮されるためには、管理者である事務長の役割が重要である。

　26　日本の医療は、江戸時代まで漢方医学が中心であった。

　27　特定機能病院の承認要件には「救急告示病院」であることが条件のひとつである。

　28　診療チームにおける最終意志決定の責任は主治医にある。

　29　病院の副院長は臨床研修等修了医師等でなければならない。

　30　診察や治療の申し出を受けた医師は、いかなる場合も申し出を拒んではならない。

3．次は医療法で規定する「医療提供の理念」の条文である。（　　　）の中に入る最も適切な語句を語群から選び、その番号のマーク欄を塗りつぶしなさい。

　　医療は生命の尊重と個人の（ 31 ）の保持を旨とし、医師、歯科医師、薬剤師、看護師その他の医療の担い手と（ 32 ）との信頼関係に基づき、及び（ 32 ）の心身の状況に応じて行われるとともに、その内容は単に（ 33 ）のみならず、（ 34 ）のための措置及び（ 35 ）を含む良質かつ適切なものでなければならない。

　　医療は、国民自らの健康の（ 36 ）のための努力を基礎として、（ 32 ）の意向を十分に尊重し、病院、診療所、介護老人保健施設、（ 37 ）、調剤を実施する薬局その他の医療を提供する施設、医療を受ける者の居宅等において、医療提供施設の機能に応じ（ 38 ）に、かつ、（ 39 ）サービスその他の関連するサービスとの（ 40 ）な連携を図りつつ提供されなければならない。

〔語　群〕 31 ～ 35
　　① 情報　　② 患者　　③ リハビリテーション　　④ 医療　　⑤ 尊厳
　　⑥ 医療を受ける者　　⑦ 疾病の予防　　⑧ 機能回復訓練　　⑨ 治療　　⑩ 生活習慣病
〔語　群〕 36 ～ 40
　　① 向上　　② 介護医療院　　③ 介護　　④ 福祉　　⑤ 保持増進
　　⑥ 科学的　　⑦ 有機的　　⑧ 効率的　　⑨ 高度　　⑩ 介護療養型医療施設

4．次の文章の（　　　）に入る最も適切な語句を下記の語群から選び、その番号のマーク欄を塗りつぶしなさい。

　　医療法では、病院は患者（ 41 ）人以上の入院施設を有し、（ 42 ）が、（ 43 ）で適正な（ 44 ）を受けることができる便宜を与えることを主たる目的として（ 45 ）されるものでなければならないと規定している。

　　また、医療法では、医院のことを（ 46 ）といい、病医院の事業主のことを（ 47 ）、院長のことを（ 48 ）という。院長の任務は、病医院の（ 49 ）であり、法人の経営する病医院の院長は、その法人の（ 50 ）である。

〔語　群〕

41	{ ① 10	② 19	③ 20	④ 200	⑤ 400 }
42	{ ① 患者	② 傷病者	③ 国民	④ 治療を受ける者	⑤ 特定多数人 }
43	{ ① 科学的	② 化学的	③ 有機的	④ 効率的	⑤ 最新 }
44	{ ① 治療	② 医学	③ 診察	④ 医療	⑤ 診療 }
45	{ ① 運営	② 実行	③ 管理	④ 経営	⑤ 信頼 }
46	{ ① クリニック	② 治療所	③ 助産所	④ 診療所	⑤ 治療院 }
47	{ ① 病医院長	② 管理者	③ 経営者	④ 取締役	⑤ 開設者 }
48	{ ① 病医院長	② 管理者	③ 経営者	④ 取締役	⑤ 開設者 }
49	{ ① 経営	② 取り締り	③ 管理	④ 責任者	⑤ 運営 }
50	{ ① 運営者	② 責任者	③ 代表	④ 管理者	⑤ 従業員 }

【医学的基礎知識・医療関連知識】

1．次の文章の（　　　）の中に入る最も適切な語句を下記の語群から選び、その記号のマーク欄を塗りつぶしなさい。

　　大腸は小腸から続く全長約１．６メートルの管状の臓器で、小腸との吻合部である（　1　）から順に（　2　）、上行結腸、（　3　）、下行結腸、（　4　）、直腸と続き便の出口である（　5　）へと至る。

　　小腸で（　6　）の消化吸収が済んだ残渣が便として排泄されるが、小腸内の残渣は大量の（　7　）を含有しているため、そのまま排泄されると下痢となるばかりか脱水をおこすため、大腸では便を固形化するために過剰な（　7　）を吸収している。適度な硬度となった便は（　8　）により直腸にまで運搬されると（　9　）を感じ、（　10　）が弛緩する事により便が排泄される。

〔語　群〕

　　① 盲腸　　② Ｓ状結腸　　③ 蠕動運動　　④ 水分　　⑤ 回盲部

　　⑥ 肛門括約筋　　⑦ 横行結腸　　⑧ 肛門　　⑨ 便意　　⑩ 栄養素

2．次の文章を読み、正しいものには①の、誤っているものには②のマーク欄を塗りつぶしなさい。

11 動悸とは、心臓の拍動を通常より強く感じることをいう。

12 大脳は灰白質と白質からなる。

13 血球は骨膜で形成される。

14 水晶体は光を屈折させ網膜上に像を結ぶレンズの働きをする。

15 中耳の中に耳小骨がある。

16 動脈の壁は静脈の壁より薄い。

17 血液型Ａ型のヒトの血漿中には抗Ａ抗体がある。

18 皮膚には汗腺、脂腺、毛が存在する。

19 横隔膜は呼吸に関与しない。

20 胆嚢で合成された胆汁は肝臓で濃縮される。

3．次の漢字の読み、英単語の意味をひらがなで書きなさい。

21	壊血病	26	respiration	（Rとも略す）
22	虚血	27	lung	
23	膠原病	28	liver	
24	発赤	29	blood pressure	（ＢＰとも略す）
25	吻合	30	body temperature	（ＢＴとも略す）

4．次のＡ群の略語に関連する語句をＢ群から選び、その番号のマーク欄を塗りつぶしなさい。

A群		B群
31	WHO	① 家族歴
32	ADL	② 陽電子放射断層撮影
33	QOL	③ 世界保健機関
34	EEG	④ 冠疾患集中治療室
35	MRI	⑤ 脳波
36	PET	⑥ 赤血球
37	CCU	⑦ 生活の質
38	RBC	⑧ 日常生活動作
39	ESR（BSR）	⑨ 磁気共鳴画像
40	FH	⑩ 赤血球沈降速度

5．次の文章を読み、正しい組み合わせを選び、その番号のマーク欄を塗りつぶしなさい。

41　正しい組み合わせはどれか。

a．ビタミンA欠乏症 ― 脚気　　　b．ビタミンC欠乏症 ― 壊血病

c．ビタミンB₁欠乏症 ― 夜盲症　　d．ビタミンB₁₂欠乏症 ― 貧血

①　a，b　　②　a，c　　③　b，c　　④　b，d　　⑤　a～dの全て

42　ウイルス感染症はどれか。

a．流行性耳下腺炎　　b．麻疹　　c．梅毒　　d．インフルエンザ

①　a，b，c　　②　a，b，d　　③　b，c，d　　④　a，c，d　　⑤　a～dの全て

43　内分泌異常による疾患はどれか。

a．クッシング症候群　　b．橋本病　　c．巨人症　　d．ネフローゼ症候群

①　a，b，c　　②　a，b，d　　③　b，c，d　　④　a，c，d　　⑤　aのみ

44　副交感神経の作用はどれか。

a．瞳孔の散大　　b．心拍数の低下　　c．消化液の分泌亢進　　d．発汗の促進

①　a，b　　②　a，c　　③　b，c　　④　b，d　　⑤　a，d

45　生理機能検査はどれか。

a．シンチグラム　　b．心電図検査　　c．超音波検査　　d．肺機能検査

①　a，b，c　　②　a，b，d　　③　b，c，d　　④　a，c，d　　⑤　bのみ

46　内耳に存在するのはどれか。

a．前庭　　b．耳小骨　　c．半規管（三半規管）　　d．蝸牛管

①　a，b，c　　②　a，b，d　　③　b，c，d　　④　a，c，d　　⑤　a～dの全て

47　肝臓の働きはどれか。

a．グリコーゲンの貯蔵　　b．胆汁生成　　c．インスリン分泌　　d．リパーゼ分泌

①　a，b　　②　a，c　　③　b，c　　④　c，d　　⑤　a，d

48　白血球について正しいのはどれか。

a．酸素運搬　　b．止血作用　　c．貪食作用　　d．抗体産生

①　a，b　　②　a，c　　③　b，c　　④　b，d　　⑤　c，d

49　血液凝固検査はどれか。

a．PT　　b．APTT　　c．出血時間　　d．FDP

①　a，b，c　　②　a，b，d　　③　b，c，d　　④　a，c，d　　⑤　a～dの全て

50　動脈血が流れている部位はどれか。

a．冠状動脈　　b．大動脈　　c．肺動脈　　d．肺静脈

①　a，b，c　　②　a，b，d　　③　b，c，d　　④　a，c，d　　⑤　a～dの全て

③級 医療秘書技能検定試験問題①答案用紙

学 校 名 (出身校)		在学（ ）年生 既卒

フリガナ		
受験者氏名	(姓)	(名)

受 験 番 号
(最後に番号とマークをもう一度確認すること)

番号を記入しマークしてください。

① ① ① ① ① ① ①
② ② ② ② ② ② ②
③ ③ ③ ③ ③ ③ ③
④ ④ ④ ④ ④ ④ ④
⑤ ⑤ ⑤ ⑤ ⑤ ⑤ ⑤
⑥ ⑥ ⑥ ⑥ ⑥ ⑥ ⑥
⑦ ⑦ ⑦ ⑦ ⑦ ⑦ ⑦
⑧ ⑧ ⑧ ⑧ ⑧ ⑧ ⑧
⑨ ⑨ ⑨ ⑨ ⑨ ⑨ ⑨
⓪ ⓪ ⓪ ⓪ ⓪ ⓪ ⓪

級 区 分

1級	①
準1級	①
2級	②
3級	●

答案種類

問題①	●
問題②	②

職 業

医療機関勤務	①
学 生	②
会 社 員	③
主 婦	④
そ の 他	⑤

[医療秘書実務]

設 問 1	解 答 欄
1	① ② ③ ④ ⑤ ⑥ ⑦ ⑧ ⑨ ⑩
2	① ② ③ ④ ⑤ ⑥ ⑦ ⑧ ⑨ ⑩
3	① ② ③ ④ ⑤ ⑥ ⑦ ⑧ ⑨ ⑩
4	① ② ③ ④ ⑤ ⑥ ⑦ ⑧ ⑨ ⑩
5	① ② ③ ④ ⑤ ⑥ ⑦ ⑧ ⑨ ⑩

設 問 2	解 答 欄
6	① ②
7	① ②
8	① ②
9	① ②
10	① ②

[医療機関の組織・運営、医療関連法規]

設 問 1	解 答 欄
11	① ② ③ ④ ⑤ ⑥ ⑦ ⑧ ⑨ ⑩
12	① ② ③ ④ ⑤ ⑥ ⑦ ⑧ ⑨ ⑩
13	① ② ③ ④ ⑤ ⑥ ⑦ ⑧ ⑨ ⑩
14	① ② ③ ④ ⑤ ⑥ ⑦ ⑧ ⑨ ⑩
15	① ② ③ ④ ⑤ ⑥ ⑦ ⑧ ⑨ ⑩
16	① ② ③ ④ ⑤ ⑥ ⑦ ⑧ ⑨ ⑩
17	① ② ③ ④ ⑤ ⑥ ⑦ ⑧ ⑨ ⑩
18	① ② ③ ④ ⑤ ⑥ ⑦ ⑧ ⑨ ⑩
19	① ② ③ ④ ⑤ ⑥ ⑦ ⑧ ⑨ ⑩
20	① ② ③ ④ ⑤ ⑥ ⑦ ⑧ ⑨ ⑩

設 問 2	解 答 欄
21	① ②
22	① ②
23	① ②
24	① ②
25	① ②
26	① ②
27	① ②
28	① ②
29	① ②
30	① ②

設問3	解　答　欄									
31	①	②	③	④	⑤	⑥	⑦	⑧	⑨	⑩
32	①	②	③	④	⑤	⑥	⑦	⑧	⑨	⑩
33	①	②	③	④	⑤	⑥	⑦	⑧	⑨	⑩
34	①	②	③	④	⑤	⑥	⑦	⑧	⑨	⑩
35	①	②	③	④	⑤	⑥	⑦	⑧	⑨	⑩
36	①	②	③	④	⑤	⑥	⑦	⑧	⑨	⑩
37	①	②	③	④	⑤	⑥	⑦	⑧	⑨	⑩
38	①	②	③	④	⑤	⑥	⑦	⑧	⑨	⑩
39	①	②	③	④	⑤	⑥	⑦	⑧	⑨	⑩
40	①	②	③	④	⑤	⑥	⑦	⑧	⑨	⑩

設問4	解　答　欄				
41	①	②	③	④	⑤
42	①	②	③	④	⑤
43	①	②	③	④	⑤
44	①	②	③	④	⑤
45	①	②	③	④	⑤
46	①	②	③	④	⑤
47	①	②	③	④	⑤
48	①	②	③	④	⑤
49	①	②	③	④	⑤
50	①	②	③	④	⑤

[医学的基礎知識、医療関連知識]

設問1	解　答　欄									
1	①	②	③	④	⑤	⑥	⑦	⑧	⑨	⑩
2	①	②	③	④	⑤	⑥	⑦	⑧	⑨	⑩
3	①	②	③	④	⑤	⑥	⑦	⑧	⑨	⑩
4	①	②	③	④	⑤	⑥	⑦	⑧	⑨	⑩
5	①	②	③	④	⑤	⑥	⑦	⑧	⑨	⑩
6	①	②	③	④	⑤	⑥	⑦	⑧	⑨	⑩
7	①	②	③	④	⑤	⑥	⑦	⑧	⑨	⑩
8	①	②	③	④	⑤	⑥	⑦	⑧	⑨	⑩
9	①	②	③	④	⑤	⑥	⑦	⑧	⑨	⑩
10	①	②	③	④	⑤	⑥	⑦	⑧	⑨	⑩

設問2	解　答　欄	
11	①	②
12	①	②
13	①	②
14	①	②
15	①	②
16	①	②
17	①	②
18	①	②
19	①	②
20	①	②

設問3. 記述問題

21	22	23	24	25
26	27	28	29	30

設問4	解　答　欄									
31	①	②	③	④	⑤	⑥	⑦	⑧	⑨	⑩
32	①	②	③	④	⑤	⑥	⑦	⑧	⑨	⑩
33	①	②	③	④	⑤	⑥	⑦	⑧	⑨	⑩
34	①	②	③	④	⑤	⑥	⑦	⑧	⑨	⑩
35	①	②	③	④	⑤	⑥	⑦	⑧	⑨	⑩
36	①	②	③	④	⑤	⑥	⑦	⑧	⑨	⑩
37	①	②	③	④	⑤	⑥	⑦	⑧	⑨	⑩
38	①	②	③	④	⑤	⑥	⑦	⑧	⑨	⑩
39	①	②	③	④	⑤	⑥	⑦	⑧	⑨	⑩
40	①	②	③	④	⑤	⑥	⑦	⑧	⑨	⑩

設問5	解　答　欄				
41	①	②	③	④	⑤
42	①	②	③	④	⑤
43	①	②	③	④	⑤
44	①	②	③	④	⑤
45	①	②	③	④	⑤
46	①	②	③	④	⑤
47	①	②	③	④	⑤
48	①	②	③	④	⑤
49	①	②	③	④	⑤
50	①	②	③	④	⑤

MEMO

第 68 回（2022 年 6 月 5 日実施）

医療秘書技能検定試験
3級

試験時間　55 分

解答は答案用紙に記入のこと

【医療秘書実務】

1. 次は、「医療秘書の金銭の管理」について述べたものである。（　　　）の中に入る最も適切な語句を語群より選び、その番号のマーク欄を塗りつぶしなさい。

　　診療終了後、会計の際には、金銭の授受に誤りのないよう注意を払いながら行うことが大切である。まず、診療費の金額を会計機や（　1　）などで正確に提示してお支払いいただく。その際、支払方法には現金や（　2　）など様々な種類があることをきちんと説明し、トラブルを避けるためにも、特に現金の場合には（　3　）でのやり取りを心掛けることが大切である。

　　つり銭の金額が大きい場合は、まず（　4　）を、次に（　5　）を渡すなどの工夫をすると誤りが発生しづらくなる。

〔語　群〕

① メモ　　　② クレジットカード　　③ 紙幣　　　④ 明細書　　⑤ 硬貨

⑥ 後払い　　⑦ 診察申込書　　　⑧ トレー　　⑨ 手渡し　　⑩ 問診表

2. 次は、「医療秘書の電話応対」について述べたものである。正しいものは①の、誤っているものには②のマーク欄を塗りつぶしなさい（①または②のみにマークする機械的な解答は、該当する全ての設問を0点とする）。

6　電話に出るときの第一声は、朝であれば「おはようございます」、10時を過ぎたあたりからは「はい」、待たせてしまったときは「お待たせいたしました」と言うのがよい。

7　名乗るときは「病院名」だけでよく、「部署名」や「自分の名前」は必要ない。

8　初めてかけてきた患者には、現在の症状を詳しく聞くとよい。

9　診察の予約を入れる際は、氏名、生年月日、住所、電話番号、保険証番号などを聞いておくとよい。

10　希望の診察日が予約で一杯のときは、数日後に改めて予約の電話をかけてもらうとよい。

【医療機関の組織・運営、医療関連法規】

1．次の文章は病院の事務系業務について述べたものである。（　　　）の中に入る最も適切な語句を語群より選び、その番号のマーク欄を塗りつぶしなさい。

　　保険医療機関の事務系業務のうち、（　11　）業務は、一般企業にはない医療機関特有の業務である。患者に対して行った医療行為を診療報酬として請求する業務を担う。

　　現在、保険医療機関で行われる医療行為のほとんどは保険診療である。保険医療機関の医療収入となるのは、患者が窓口で支払う（　12　）と、（　13　）から支払われる診療報酬が主である。そのため、患者に対して行ったひとつひとつの医療行為について漏れなく請求する必要がある。

　　担当者は、（　14　）をもとに診療行為を算定し、患者ごとに（　15　）を作成して（　16　）を通じて（　13　）に請求する。保険診療の内容と報酬を定めている（　17　）は非常に細かく設定されており、漏れなく正確に請求するには、専門的な知識と経験が必要である。

　　（　11　）以外の事務部門には一般の企業と同様に、職員の採用などを担当する（　18　）、主として金銭に関する業務を担う（　19　）のほか、施設管理や（　20　）などさまざまな業務を担う部署がある。

〔語　群〕
　　① 医事　　② 患者負担金　　③ 財務経理　　④ 審査支払機関　　⑤ 人事
　　⑥ 診療録　　⑦ 診療報酬点数表　　⑧ 地域連携　　⑨ 保険者
　　⑩ 診療報酬明細書

2．次の設問を読み、正しいものには①の、誤っているものには②のマーク欄を塗りつぶしなさい（①または②のみにマークする機械的な解答は、該当する全ての設問を0点とする）。

21　公的医療機関の中では、国立医療機関の占める割合が最も多い。

22　保険医療機関・保険薬局は都道府県知事の指定を受ける。

23　病院の使命は、「入院患者に継続した医療を提供すること」であるといえる。

24　病院に置くべき医師数の計算方法は、特定機能病院とそれ以外の病院では異なる。

25　診療録の開示を患者が希望した場合は、医師はこれを拒否してはならないということが医師法で規定されている。

26　医療機関の経営も他の企業と同様、経営方針を立て、計画的に経営を行っていかなければならない。

27　サービス業としての医療に求められることは「患者第一」であり、これが医療サービスの基本である。

28　病院において、医療法にて定員が定められている職種は、医師、薬剤師、看護職員（看護師・准看護師）のみである。

29　診療チームにおける最終的意志決定の権利と責任は、主治医にある。

30　医療法第4条では総合病院が規定されている。

5．次の文章を読み、正しい組み合わせを選び、その番号のマーク欄を塗りつぶしなさい。

41 ネフロンを構成するものはどれか。

　　a．尿細管　　b．ボウマンのう　　c．糸球体　　d．尿管

　　① a，b，c　　② a，b，d　　③ a，c，d　　④ b，c，d　　⑤ a～dの全て

42 心臓の刺激伝導系に属するのはどれか。

　　a．洞房結節　　b．プルキンエ線維　　c．僧帽弁　　d．大動脈

　　① a，b　　② a，c　　③ b，c　　④ c，d　　⑤ a，d

43 肺循環（小循環）に関わる経路はどれか。

　　a．左心室　　b．右心室　　c．肺動脈　　d．大動脈

　　① a，b　　② a，c　　③ b，c　　④ c，d　　⑤ a，d

44 上肢にある血管はどれか。

　　a．上腕動脈　　b．内腸骨動脈　　c．門脈　　d．橈骨動脈

　　① a，b　　② a，c　　③ b，c　　④ c，d　　⑤ a，d

45 腎臓を構成する構造はどれか。

　　a．副腎　　b．尿管　　c．尿細管　　d．糸球体

　　① a，b，c　　② a，b，d　　③ b，c，d　　④ a，c，d　　⑤ a～dの全て

46 膵臓から分泌される消化酵素はどれか。

　　a．リパーゼ　　b．ペプシン　　c．アミラーゼ　　d．胆汁

　　① a，b　　② a，c　　③ b，c　　④ c，d　　⑤ a，d

47 ファーター乳頭より十二指腸に分泌している消化液はどれか。

　　a．膵液　　b．胃液　　c．胆汁　　d．唾液

　　① a，b　　② a，c　　③ b，c　　④ b，d　　⑤ a～dの全て

48 鼻腔の働きはどれか。

　　a．除湿　　b．加温　　c．加湿　　d．ほこりの除去

　　① a，b，c　　② a，b，d　　③ a，c，d　　④ b，c，d　　⑤ a～dの全て

49 細胞内でタンパク質の合成に関わる小器官はどれか。

　　a．リボゾーム　　b．ミトコンドリア　　c．中心体　　d．小胞体

　　① a，b　　② a，c　　③ b，c　　④ c，d　　⑤ a，d

50 白血球はどれか。

　　a．β細胞　　b．リンパ球　　c．単球　　d．プルキンエ細胞

　　① a，b　　② a，c　　③ b，c　　④ c，d　　⑤ a，d

3．次の文章は「健康保険法」について述べたものである。（　　　）の中に入る最も適切な語句
を語群より選び、その番号のマーク欄を塗りつぶしなさい。

　　健康保険法は、（　31　）の給付が受けられない疾病・負傷や（　32　）、死亡に関して
保険給付を行うほか、その（　33　）に対しても同様の給付を行いもって国民の生活の安定
と（　34　）に（　35　）することを目的として定めている。

　　健康保険法の適用事業所に使用される（　36　）は、適用事業所に使用されるに至った
（　37　）から資格を取得し、その適用事業所に使用されなくなった（　38　）から資格
を喪失する。（　36　）の資格及び喪失は、（　39　）の確認によってその（　40　）が
生ずる。

〔語　群〕

① 被保険者　　② その日　　③ 労災保険　　④ 寄与　　　⑤ 効力

⑥ 出産　　　　⑦ 保険者　　⑧ 福祉の向上　⑨ 日の翌日　⑩ 被扶養者

4．次の医療保険制度の法別番号を語群から選び、その番号のマーク欄を塗りつぶしなさい。

41　警察特定共済組合

42　高齢者の医療の確保に関する法律による療養の給付(75歳以上)

43　全国健康保険協会管掌健康保険(日雇特例被保険者の保険を除く)

44　地方公務員等共済組合

45　警察共済組合

46　特定健康保険組合

47　組合管掌健康保険

48　船員保険

49　防衛省職員給与法による自衛官等の療養の給付

50　日雇特例被保険者の保険(一般療養)

〔語　群〕

41　～　45

① 0 1　　② 3 2　　③ 3 3　　④ 3 9　　⑤ 7 4

46　～　50

① 0 2　　② 0 3　　③ 0 6　　④ 0 7　　⑤ 6 3

【医学的基礎知識・医療関連知識】

1．次の文章の（　　　　）の中に入る最も適切な語句を下記の語群から選び、その記号のマーク欄を塗りつぶしなさい。

解剖学的に胃は管腔組織で起始部が（　1　）に、終末部が（　2　）に連結する消化管の一部で、胃と（　1　）の接合部を（　3　）と呼び、順に底部、体部、とつながり末端は（　2　）と連結して（　4　）と呼ばれている。胃壁の断面は、内側から「（　5　）、粘膜下組織、（　6　）、漿膜下組織、漿膜」と5層で構成される。主な働きは、pH1～2の強力な（　7　）と食物中のタンパク質を分解する（　8　）を含む胃液が胃の（　9　）運動と協調して食物を消化する。（　8　）は、タンパク質の消化のみならず（　10　）の吸収などにも関係している。

〔語　群〕

① 粘膜　　② 噴門部　　③ 蠕動　　④ 食道　　⑤ ビタミン

⑥ ペプシン　　⑦ 十二指腸　　⑧ 筋層　　⑨ 胃酸　　⑩ 幽門部

2．次の文章を読み、正しいものには①の、誤っているものには②のマーク欄を塗りつぶしなさい。

11 血液中のアルブミンが減少した状態を貧血という。

12 脊椎を構成する椎骨の間には、クッションの役目をする椎間板がある。

13 右肺は2葉、左葉は3葉である。

14 音は、空気の振動を感知した鼓膜が耳小骨を振動させて中枢に伝達する。

15 唾液中には、糖質を分解するリパーゼが存在する。

16 肝臓には生体内の有害な成分を解毒（代謝）する機能がある。

17 心臓の右房・右室間には僧帽弁、左房・左室間には三尖弁がある。

18 膵臓には消化酵素を分泌する外分泌腺とホルモンを分泌する内分泌腺がある。

19 胆嚢で胆汁が生成される。

20 肋間筋は呼吸運動に関係している。

3．次の漢字の読みをひらがなで書きなさい。

21 日和見感染　　　　26 横隔膜

22 蕁麻疹　　　　　　27 処置室

23 嚥下困難　　　　　28 分娩室

24 顎下腺　　　　　　29 脾臓

25 口蓋　　　　　　　30 悪液質

4．次のA群の略語に関連する語句をB群から選び、その番号のマーク欄を塗りつぶしなさい。

A群	B群.
31 FBS	① 急性呼吸窮迫症候群
32 ECG	② 心電図
33 PCG	③ グリコヘモグロビン
34 GFR	④ 冠動脈造影
35 CAG	⑤ 磁気共鳴血管造影
36 ARDS	⑥ 空腹時血糖値
37 DIC	⑦ 筋電図
38 EMG	⑧ 糸球体濾過量（値）
39 HbA₁c	⑨ 播種性血管内凝固症候群
40 MRA	⑩ 心音図

第68回
③級 医療秘書技能検定試験問題①答案用紙

学 校 名 （出身校）		在学（　）年生 既卒

フリガナ		
受験者氏名	（姓）	（名）

級 区 分	
1級	①
準1級	⑪
2級	②
3級	●

答案種類	
問題①	●
問題②	②

職 業	
医療機関勤務	①
学　　　生	②
会　社　員	③
主　　婦	④
そ　の　他	⑤

受 験 番 号
（最後に番号とマークをもう一度確認すること）

番号を記入しマークしてください。

①②③④⑤⑥⑦⑧⑨⓪（各桁）

［医療秘書実務］

設 問 1	解　答　欄
1	① ② ③ ④ ⑤ ⑥ ⑦ ⑧ ⑨ ⑩
2	① ② ③ ④ ⑤ ⑥ ⑦ ⑧ ⑨ ⑩
3	① ② ③ ④ ⑤ ⑥ ⑦ ⑧ ⑨ ⑩
4	① ② ③ ④ ⑤ ⑥ ⑦ ⑧ ⑨ ⑩
5	① ② ③ ④ ⑤ ⑥ ⑦ ⑧ ⑨ ⑩

設 問 2	解　答　欄
6	① ②
7	① ②
8	① ②
9	① ②
10	① ②

［医療機関の組織・運営、医療関連法規］

設 問 1	解　答　欄
11	① ② ③ ④ ⑤ ⑥ ⑦ ⑧ ⑨ ⑩
12	① ② ③ ④ ⑤ ⑥ ⑦ ⑧ ⑨ ⑩
13	① ② ③ ④ ⑤ ⑥ ⑦ ⑧ ⑨ ⑩
14	① ② ③ ④ ⑤ ⑥ ⑦ ⑧ ⑨ ⑩
15	① ② ③ ④ ⑤ ⑥ ⑦ ⑧ ⑨ ⑩
16	① ② ③ ④ ⑤ ⑥ ⑦ ⑧ ⑨ ⑩
17	① ② ③ ④ ⑤ ⑥ ⑦ ⑧ ⑨ ⑩
18	① ② ③ ④ ⑤ ⑥ ⑦ ⑧ ⑨ ⑩
19	① ② ③ ④ ⑤ ⑥ ⑦ ⑧ ⑨ ⑩
20	① ② ③ ④ ⑤ ⑥ ⑦ ⑧ ⑨ ⑩

設 問 2	解　答　欄
21	① ②
22	① ②
23	① ②
24	① ②
25	① ②
26	① ②
27	① ②
28	① ②
29	① ②
30	① ②

設問3	解　　答　　欄									
31	①	②	③	④	⑤	⑥	⑦	⑧	⑨	⑩
32	①	②	③	④	⑤	⑥	⑦	⑧	⑨	⑩
33	①	②	③	④	⑤	⑥	⑦	⑧	⑨	⑩
34	①	②	③	④	⑤	⑥	⑦	⑧	⑨	⑩
35	①	②	③	④	⑤	⑥	⑦	⑧	⑨	⑩
36	①	②	③	④	⑤	⑥	⑦	⑧	⑨	⑩
37	①	②	③	④	⑤	⑥	⑦	⑧	⑨	⑩
38	①	②	③	④	⑤	⑥	⑦	⑧	⑨	⑩
39	①	②	③	④	⑤	⑥	⑦	⑧	⑨	⑩
40	①	②	③	④	⑤	⑥	⑦	⑧	⑨	⑩

設問4	解　答　欄				
41	①	②	③	④	⑤
42	①	②	③	④	⑤
43	①	②	③	④	⑤
44	①	②	③	④	⑤
45	①	②	③	④	⑤
46	①	②	③	④	⑤
47	①	②	③	④	⑤
48	①	②	③	④	⑤
49	①	②	③	④	⑤
50	①	②	③	④	⑤

[医学的基礎知識、医療関連知識]

設問1	解　　答　　欄									
1	①	②	③	④	⑤	⑥	⑦	⑧	⑨	⑩
2	①	②	③	④	⑤	⑥	⑦	⑧	⑨	⑩
3	①	②	③	④	⑤	⑥	⑦	⑧	⑨	⑩
4	①	②	③	④	⑤	⑥	⑦	⑧	⑨	⑩
5	①	②	③	④	⑤	⑥	⑦	⑧	⑨	⑩
6	①	②	③	④	⑤	⑥	⑦	⑧	⑨	⑩
7	①	②	③	④	⑤	⑥	⑦	⑧	⑨	⑩
8	①	②	③	④	⑤	⑥	⑦	⑧	⑨	⑩
9	①	②	③	④	⑤	⑥	⑦	⑧	⑨	⑩
10	①	②	③	④	⑤	⑥	⑦	⑧	⑨	⑩

設問2	解　答　欄	
11	①	②
12	①	②
13	①	②
14	①	②
15	①	②
16	①	②
17	①	②
18	①	②
19	①	②
20	①	②

設問3. 記述問題

21	22	23	24	25
26	27	28	29	30

設問4	解　　答　　欄									
31	①	②	③	④	⑤	⑥	⑦	⑧	⑨	⑩
32	①	②	③	④	⑤	⑥	⑦	⑧	⑨	⑩
33	①	②	③	④	⑤	⑥	⑦	⑧	⑨	⑩
34	①	②	③	④	⑤	⑥	⑦	⑧	⑨	⑩
35	①	②	③	④	⑤	⑥	⑦	⑧	⑨	⑩
36	①	②	③	④	⑤	⑥	⑦	⑧	⑨	⑩
37	①	②	③	④	⑤	⑥	⑦	⑧	⑨	⑩
38	①	②	③	④	⑤	⑥	⑦	⑧	⑨	⑩
39	①	②	③	④	⑤	⑥	⑦	⑧	⑨	⑩
40	①	②	③	④	⑤	⑥	⑦	⑧	⑨	⑩

設問5	解　答　欄				
41	①	②	③	④	⑤
42	①	②	③	④	⑤
43	①	②	③	④	⑤
44	①	②	③	④	⑤
45	①	②	③	④	⑤
46	①	②	③	④	⑤
47	①	②	③	④	⑤
48	①	②	③	④	⑤
49	①	②	③	④	⑤
50	①	②	③	④	⑤

MEMO

第 69 回（ 2022 年 11 月 6 日実施 ）

医療秘書技能検定試験
3級

問題① 「医療秘書実務」〜「医療関連知識」

試験時間　55 分

【医療秘書実務】

1. 次は、「医療秘書に求められる資質」について述べたものである。文中の（　　　）の中に入る最も適切な語句を語群から選び、その番号のマーク欄を塗りつぶしなさい。

　　医療秘書は（ 1 ）の一員として常に協調性をもつことが求められている。医療現場では様々な年齢・立場・性別・職業の患者等が来院するため、挨拶やその場に適した会話ができるなどの（ 2 ）能力も必要である。また、近年増加している外国人患者の応対においても、文化の違いに不安を感じている相手に対して（ 3 ）感を与えられるよう努めなければならない。そして、業務に関する新しい情報を習得したり、勉強会に参加するなど（ 4 ）をもって日々の業務に臨み専門性を高めていく姿勢も重要である。更に、個人情報に接する機会も多い職業のため、（ 5 ）を守り情報管理を徹底するなどの倫理観も忘れてはならない。

〔語　群〕

　　① 守秘義務　　② 向上心　　③ 自尊心　　④ 安心　　⑤ 清潔

　　⑥ 効率　　⑦ 診療録　　⑧ アポイントメント　　⑨ チーム医療

　　⑩ コミュニケーション

2. 次の医療秘書の応対で正しいものは①の、誤っているものは②のマーク欄を塗りつぶしなさい（①または②のみにマークする機械的な解答は、該当する全ての設問を0点とする）。

　　 6 　来客に資料を渡すときは、自分が説明時に読みやすい向きで渡す。

　　 7 　座っている患者と話すときは、自分も腰をかがめて患者と目線を合わせて話す。

　　 8 　上司から指示を受けているときに質問や不明点がある場合は、指示の途中に質問する。

　　 9 　院内感染予防のため、検温や消毒など来院者へ負担をかける場合は丁寧にお願いする。

　　 10 　入力業務中に上司から声を掛けられたときは、作業を優先し、耳だけ傾けて話を聞く。

28

【医療機関の組織・運営、医療関連法規】

1．次のＡ群の用語と最も関連の深いものをＢ群から選び、その番号のマーク欄を塗りつぶしなさい。

Ａ　群	Ｂ　群
11 日常生活動作	① 臨床工学技士
12 コ・メディカル	② 初期医療
13 退院時要約	③ 評価療養
14 特別の療養環境	④ ＡＤＬ
15 ターミナル・ケア	⑤ ＰＴ
16 プライマリ・ケア	⑥ サマリー
17 スタッフ部門	⑦ 管理者
18 先進医療	⑧ 選定療養
19 理学療法士	⑨ 医療秘書
20 病院長	⑩ 終末期医療

2．次の設問を読み、正しいものは①の、誤っているものは②のマーク欄を塗りつぶしなさい（①または②のみにマークする機械的な解答は、該当するすべての設問を０点とする）。

21 診療録の開示を患者が希望した場合は、医師はこれを拒否してはならないという規定が医師法で定められている。

22 すべての病院はエックス線装置を備えなければならない。

23 すべての病院は患者用食堂を備えなければならない。

24 明治時代の病院は、患者の治療よりも医師の養成に主眼が置かれていた。

25 病院の有する機能は、医療機能、研究開発機能、保健衛生機能のみであるが、大学附属病院のような高機能を有する病院では、これらの機能に加えて教育・研修機能がある。

26 国民皆保険制度の下、すべての国民は公的医療保険と公的介護保険に加入しなければならない。

27 諸外国に比べ平均在院日数が長いことが、日本の病院の特徴である。

28 戦後、一貫して増加を続けてきた日本の病院数は、1990 年をピークに減少を続けている。

29 日本の病院は、民間（私的）病院を中心として発展してきた。

30 日本の病院は医師を中心として発展してきたので、患者の入院施設として診療所を開き、それが拡大発展してきたケースが多い。

3．次のA群の説明と最も関係のあるものをB群から選び、その番号のマーク欄を塗りつぶしなさい（重複使用可）。

A　群	B　群
31 医療保険の被扶養者に対する保険診療サービス	① 家族療養費の支給
32 医療保険の被保険者に対する保険診療サービス	② 後期高齢者医療制度
33 企業の従業員を対象とする医療保険	③ 厚生労働大臣
34 原則として75歳以上の者を対象とする医療保険	④ 国民健康保険
35 自営業者、作家等を対象とする医療保険	⑤ 支払基金
36 診療報酬の決定	⑥ 都道府県知事
37 健康保険のレセプトの提出先	⑦ 被用者保険
38 保険給付の決定	⑧ 保険者
39 保険料の徴収	⑨ 療養の給付
40 療養目的でコルセットを装着	⑩ 償還払い

4．次の医療機関に関する各設問について、当てはまるものを①〜⑤より選び、その番号のマーク欄を塗りつぶしなさい。

41 診療所が入院させることのできる患者数の上限はどれか。

① 9人　　② 10人　　③ 19人　　④ 20人　　⑤ 99人

42 医師が個人で無床診療所を開設しようとする場合、行政機関に対して行うことはどれか。

① 都道府県知事への届出　　② 都道府県知事への許可申請

③ 都道府県知事への承認申請　　④ 厚生労働大臣への許可申請

⑤ 厚生労働大臣への承認申請

43 次のa〜dの職種のうち、病院の管理者となりうるものはどれか。

a．医師　　b．看護師　　c．事務職員　　d．薬剤師

① aのみ　　② a，b，d　　③ a〜dのすべて　　④ b，c　　⑤ c，d

44 次のa〜dの職種のうち、病院に必要な職員数の基準が法令で明示されているものはどれか。

a．医師　　b．栄養士　　c．看護師　　d．薬剤師

① a，b　　② b，c　　③ a，b，d　　④ a〜dのすべて　　⑤ dのみ

45 日本の病院で最も多い設立形態はどれか。

① 医療法人　　② 株式会社　　③ 国　　④ 公的医療機関　　⑤ 個人

46 医療法人である病院の代表者を何というか。

① 監査役　　② 管理者　　③ 事務長　　④ 代表取締役　　⑤ 理事長

47 地域医療支援病院が原則として有すべき最低病床数はどれか。

① 200床　　② 300床　　③ 400床　　④ 500床　　⑤ 600床

48 特定機能病院が原則として有すべき最低病床数はどれか。

　　① 200 床　　② 300 床　　③ 400 床　　④ 500 床　　⑤ 600 床

49 保険医療機関の指定を行う者は誰か。

　　① 市区町村長　　② 都道府県知事　　③ 厚生労働大臣　　④ 文部科学大臣

　　⑤ 内閣総理大臣

50 保険医療機関は指定の日から起算し何年でその効力を失うか。

　　① 3 年　　② 4 年　　③ 5 年　　④ 6 年　　⑤ 10 年

【医学的基礎知識・医療関連知識】

1．次の文章の（　　　）の中に入る最も適切な語句を下記の語群から選び、その記号のマーク欄を塗りつぶしなさい。

　　心臓は全身に血液を送るポンプの働きを持ち、（　1　）から拍出された血液は（　2　）を経て全身に運ばれる。各組織の毛細血管でガス交換を終えた血液は（　3　）となり、上下大静脈により（　4　）に戻る。その後（　5　）弁、右心室の順に通過し、（　6　）を通り肺に送られる。

　　肺でガス交換を終えた血液は（　7　）となり、（　8　）を通り（　9　）に戻り、（　10　）弁を通過して、再び（　1　）より全身に拍出されていく。

〔語　群〕

　　① 肺静脈　② 動脈血　③ 左心室　④ 右心房　⑤ 大動脈
　　⑥ 僧帽　　⑦ 肺動脈　⑧ 三尖　　⑨ 静脈血　⑩ 左心房

2．次の文章を読み、正しいものには①の、誤っているものには②のマーク欄を塗りつぶしなさい。

　　11　血液の浸透圧はグロブリンで維持されている。

　　12　骨髄は加齢に伴い造血作用を持たない黄色骨髄に変化する。

　　13　成長ホルモンは下垂体後葉から分泌される。

　　14　気管は、左右の気管支へと分岐する。

　　15　網膜上には黄斑があり、この部位の視力が最も優れている。

　　16　静脈には逆流防止の弁がある。

　　17　胃の入り口は食道とつながり、幽門と呼ばれる。

　　18　膵臓のA細胞（α細胞）からはインスリンが分泌され、血糖値を上昇させる。

　　19　脳幹は大脳、間脳、小脳に分けられる。

　　20　腎臓の機能単位をネフロンと呼び、腎小体（マルピギー小体）と尿細管からなる。

3．次の漢字の読み、英単語の意味をひらがなで書きなさい。

21	胸郭		26	uterus
22	肩峰		27	pancreas
23	耳管		28	kidney
24	鼠径部		29	stomach
25	口唇裂		30	rectum

4．次のA群の略語に関連する語句をB群から選び、その番号のマーク欄を塗りつぶしなさい。

A群		B群
31	MSW	① 磁気共鳴画像
32	PET	② C反応性蛋白
33	BBT	③ 生活の質
34	QOL	④ 日常生活動作
35	CCU	⑤ 説明と同意（インフォームドコンセント）
36	CRP	⑥ 既往歴
37	IC	⑦ 医療ソーシャルワーカー
38	MRI	⑧ 陽電子放出断層撮影
39	ADL	⑨ 冠疾患集中治療室
40	PH	⑩ 基礎体温

5．次の文章を読み、正しい組み合わせを選び、その番号のマーク欄を塗りつぶしなさい。

41 小腸はどれか。

　　a．空腸　　　b．回腸　　　c．盲腸　　　d．結腸

　　① a，b　　② a，c　　③ b，c　　④ b，d　　⑤ c，d

42 上肢にある骨はどれか。

　　a．橈骨　　　b．寛骨　　　c．手根骨　　　d．脛骨

　　① a，b　　② a，c　　③ b，c　　④ b，d　　⑤ c，d

43 胃液に含まれる成分はどれか。

　　a．胆汁　　　b．アミラーゼ　　　c．塩酸　　　d．ペプシン

　　① a，b　　② a，c　　③ b，c　　④ b，d　　⑤ c，d

44 女性ホルモンはどれか。

　　a．テストステロン　　　b．プロゲステロン　　　c．エストロゲン　　　d．オキシトシン

　　① a，b　　② a，c　　③ b，c　　④ b，d　　⑤ c，d

45 小循環（肺循環）を構成する血管系はどれか。

　　a．大動脈　　　b．肺動脈　　　c．下大静脈　　　d．肺静脈

　　① a，b　　② a，c　　③ b，c　　④ b，d　　⑤ c，d

46 眼球を構成するのはどれか。

　　a．胸膜　　　b．強膜　　　c．結膜　　　d．髄膜

　　① a，b　　② a，c　　③ b，c　　④ b，d　　⑤ c，d

47 下肢の血管はどれか。

　　a．前脛骨動脈　　　b．尺骨動脈　　　c．腓骨動脈　　　d．内頸動脈

　　① a，b　　② a，c　　③ b，c　　④ b，d　　⑤ c，d

48 上肢の筋はどれか。

　　a．僧帽筋　　　b．腹直筋　　　c．上腕三頭筋　　　d．上腕二頭筋

　　① a，b　　② a，c　　③ b，c　　④ b，d　　⑤ c，d

49 動脈血の流れる血管はどれか。

　　a．肺静脈　　　b．大動脈　　　c．肺動脈　　　d．下大静脈

　　① a，b　　② a，c　　③ b，c　　④ b，d　　⑤ c，d

50 肝臓のはたらきはどれか。

　　a．胆汁の濃縮　　　b．胆汁の生成　　　c．尿の生成　　　d．糖の貯蔵

　　① a，b　　② a，c　　③ b，c　　④ b，d　　⑤ c，d

3 級 第69回 医療秘書技能検定試験問題①答案用紙

学 校 名 （出身校）		在学（　）年生 既卒

フリガナ		
受験者氏名	（姓）	（名）

受 験 番 号
（最後に番号とマークをもう一度確認すること）

番号を記入しマークしてください。

① ① ① ① ① ① ①
② ② ② ② ② ② ②
③ ③ ③ ③ ③ ③ ③
④ ④ ④ ④ ④ ④ ④
⑤ ⑤ ⑤ ⑤ ⑤ ⑤ ⑤
⑥ ⑥ ⑥ ⑥ ⑥ ⑥ ⑥
⑦ ⑦ ⑦ ⑦ ⑦ ⑦ ⑦
⑧ ⑧ ⑧ ⑧ ⑧ ⑧ ⑧
⑨ ⑨ ⑨ ⑨ ⑨ ⑨ ⑨
⓪ ⓪ ⓪ ⓪ ⓪ ⓪ ⓪

級 区 分	
1級	①
準1級	㊔
2級	②
3級	●

答案種類	
問題①	●
問題②	②

職 業	
医療機関勤務	①
学　　　生	②
会　社　員	③
主　　　婦	④
そ　の　他	⑤

［医療秘書実務］

設問1　解答欄

1	① ② ③ ④ ⑤ ⑥ ⑦ ⑧ ⑨ ⑩
2	① ② ③ ④ ⑤ ⑥ ⑦ ⑧ ⑨ ⑩
3	① ② ③ ④ ⑤ ⑥ ⑦ ⑧ ⑨ ⑩
4	① ② ③ ④ ⑤ ⑥ ⑦ ⑧ ⑨ ⑩
5	① ② ③ ④ ⑤ ⑥ ⑦ ⑧ ⑨ ⑩

設問2　解答欄

6	① ②
7	① ②
8	① ②
9	① ②
10	① ②

［医療機関の組織・運営、医療関連法規］

設問1　解答欄

11	① ② ③ ④ ⑤ ⑥ ⑦ ⑧ ⑨ ⑩
12	① ② ③ ④ ⑤ ⑥ ⑦ ⑧ ⑨ ⑩
13	① ② ③ ④ ⑤ ⑥ ⑦ ⑧ ⑨ ⑩
14	① ② ③ ④ ⑤ ⑥ ⑦ ⑧ ⑨ ⑩
15	① ② ③ ④ ⑤ ⑥ ⑦ ⑧ ⑨ ⑩
16	① ② ③ ④ ⑤ ⑥ ⑦ ⑧ ⑨ ⑩
17	① ② ③ ④ ⑤ ⑥ ⑦ ⑧ ⑨ ⑩
18	① ② ③ ④ ⑤ ⑥ ⑦ ⑧ ⑨ ⑩
19	① ② ③ ④ ⑤ ⑥ ⑦ ⑧ ⑨ ⑩
20	① ② ③ ④ ⑤ ⑥ ⑦ ⑧ ⑨ ⑩

設問2　解答欄

21	① ②
22	① ②
23	① ②
24	① ②
25	① ②
26	① ②
27	① ②
28	① ②
29	① ②
30	① ②

設問3	解　　　答　　　欄									
31	①	②	③	④	⑤	⑥	⑦	⑧	⑨	⑩
32	①	②	③	④	⑤	⑥	⑦	⑧	⑨	⑩
33	①	②	③	④	⑤	⑥	⑦	⑧	⑨	⑩
34	①	②	③	④	⑤	⑥	⑦	⑧	⑨	⑩
35	①	②	③	④	⑤	⑥	⑦	⑧	⑨	⑩
36	①	②	③	④	⑤	⑥	⑦	⑧	⑨	⑩
37	①	②	③	④	⑤	⑥	⑦	⑧	⑨	⑩
38	①	②	③	④	⑤	⑥	⑦	⑧	⑨	⑩
39	①	②	③	④	⑤	⑥	⑦	⑧	⑨	⑩
40	①	②	③	④	⑤	⑥	⑦	⑧	⑨	⑩

設問4	解　　　答　　　欄				
41	①	②	③	④	⑤
42	①	②	③	④	⑤
43	①	②	③	④	⑤
44	①	②	③	④	⑤
45	①	②	③	④	⑤
46	①	②	③	④	⑤
47	①	②	③	④	⑤
48	①	②	③	④	⑤
49	①	②	③	④	⑤
50	①	②	③	④	⑤

[医学的基礎知識、医療関連知識]

設問1	解　　　答　　　欄									
1	①	②	③	④	⑤	⑥	⑦	⑧	⑨	⑩
2	①	②	③	④	⑤	⑥	⑦	⑧	⑨	⑩
3	①	②	③	④	⑤	⑥	⑦	⑧	⑨	⑩
4	①	②	③	④	⑤	⑥	⑦	⑧	⑨	⑩
5	①	②	③	④	⑤	⑥	⑦	⑧	⑨	⑩
6	①	②	③	④	⑤	⑥	⑦	⑧	⑨	⑩
7	①	②	③	④	⑤	⑥	⑦	⑧	⑨	⑩
8	①	②	③	④	⑤	⑥	⑦	⑧	⑨	⑩
9	①	②	③	④	⑤	⑥	⑦	⑧	⑨	⑩
10	①	②	③	④	⑤	⑥	⑦	⑧	⑨	⑩

設問2	解　答　欄	
11	①	②
12	①	②
13	①	②
14	①	②
15	①	②
16	①	②
17	①	②
18	①	②
19	①	②
20	①	②

設問3. 記述問題

21	22	23	24	25
26	27	28	29	30

設問4	解　　　答　　　欄									
31	①	②	③	④	⑤	⑥	⑦	⑧	⑨	⑩
32	①	②	③	④	⑤	⑥	⑦	⑧	⑨	⑩
33	①	②	③	④	⑤	⑥	⑦	⑧	⑨	⑩
34	①	②	③	④	⑤	⑥	⑦	⑧	⑨	⑩
35	①	②	③	④	⑤	⑥	⑦	⑧	⑨	⑩
36	①	②	③	④	⑤	⑥	⑦	⑧	⑨	⑩
37	①	②	③	④	⑤	⑥	⑦	⑧	⑨	⑩
38	①	②	③	④	⑤	⑥	⑦	⑧	⑨	⑩
39	①	②	③	④	⑤	⑥	⑦	⑧	⑨	⑩
40	①	②	③	④	⑤	⑥	⑦	⑧	⑨	⑩

設問5	解　　　答　　　欄				
41	①	②	③	④	⑤
42	①	②	③	④	⑤
43	①	②	③	④	⑤
44	①	②	③	④	⑤
45	①	②	③	④	⑤
46	①	②	③	④	⑤
47	①	②	③	④	⑤
48	①	②	③	④	⑤
49	①	②	③	④	⑤
50	①	②	③	④	⑤

第 70 回（ 2023 年 6 月 11 日実施 ）

医療秘書技能検定試験
３級

問題①　「医療秘書実務」～「医療関連知識」

試験時間　55 分

【医療秘書実務】

1．次は、「仕事終了の報告方法」について述べたものである。（　　　）の中に入る最も適切な語句を語群から選び、その番号のマーク欄を塗りつぶしなさい。

　　仕事が終了したら、先ず（　1　）を先に報告し、（　2　）や経過は後から述べる。その際は（　3　）を使わないようにし、（　4　）に沿って、簡潔に報告することが大切である。また、報告の時期は（　5　）をはずさないようにしなければならない。

〔語　群〕

　① 4Ｗ　　② 5Ｗ3Ｈ　　③ 理由　　④ 前置き　　⑤ 適切な言葉

　⑥ タイミング　　⑦ 結論　　⑧ 時間　　⑨ 曖昧な言葉　　⑩ 相手

2．次は、「医療秘書の電話応対」について述べたものである。正しいものには①の、誤っているものには②のマーク欄を塗りつぶしなさい（①または②のみにマークする機械的な解答は、該当する全ての設問を0点とする）。

　6　電話が鳴ったら、できるだけ1回コール以内に出るようにする。

　7　電話に出るときの第一声は、時間や状況に関係なく、「はい」が良い。

　8　呼び出された人が不在のときは、不在の理由と戻る時間を伝える。

　9　相手から伝言を頼まれたときは、聞かれなくても自分の名前を伝えておく。

　10　電話を切るときは、原則として、受けた側が先に切る。

【医療機関の組織・運営、医療関連法規】

1．次の用語と最も関連の深いものを語群から選び、その番号のマーク欄を塗りつぶしなさい。

11	医療計画	16	ＩＣ
12	リハビリテーション	17	開業医
13	中央材料室	18	言語聴覚士
14	ＭＳＷ	19	サーベイランス
15	医療扶助	20	医療法人

〔語　群〕

① 生活保護法　　② 相談業務　　③ プライマリ・ケア　　④ ＳＴ　　⑤ 都道府県

⑥ 社会復帰　　⑦ 社団　　⑧ 滅菌　　⑨ 感染症　　⑩ 説明と承諾

2．次の文章の（　　　）に入る最も適切な語句を下記の語群から選び、その番号のマーク欄を塗りつぶしなさい（①または②のみにマークする機械的な解答は、該当する全ての設問を０点とする）。

　医療法では、病院とは、患者 20 人以上の入院施設を有し、傷病者が（ 21 ）でかつ適正な（ 22 ）を受けることができる便宜を与えることを主たる目的として（ 23 ）され、かつ、運営されなければならないとされている。

　また、その中でも国、都道府県や市町村、第 42 条の 2 第 1 項に規定する（ 24 ）その他厚生労働大臣の定める者の開設する病院であって、（ 25 ）における（ 26 ）の確保のために必要な（ 27 ）に関する所定の要件に該当するものは、その所在地の（ 28 ）の（ 29 ）を得て地域医療支援病院と称することができる。

　その要件のひとつに、病床数は原則として（ 30 ）床以上となっている。

〔語　群〕

21	｛ ① 化学的	② 科学的	｝
22	｛ ① 医療	② 診療	｝
23	｛ ① 管理	② 組織	｝
24	｛ ① 社会医療法人	② 特定医療法人	｝
25	｛ ① 地域	② 都道府県	｝
26	｛ ① 医療	② 診療	｝
27	｛ ① 高度医療	② 支援	｝
28	｛ ① 都道府県知事	② 地方厚生局長	｝
29	｛ ① 許可	② 承認	｝
30	｛ ① 200	② 400	｝

3．次の図は、法別番号「01」の被保険者証を使用した保険診療の仕組である。（　　　）に入る
　最も適切な語句を語群から選び、その番号のマーク欄を塗りつぶしなさい。

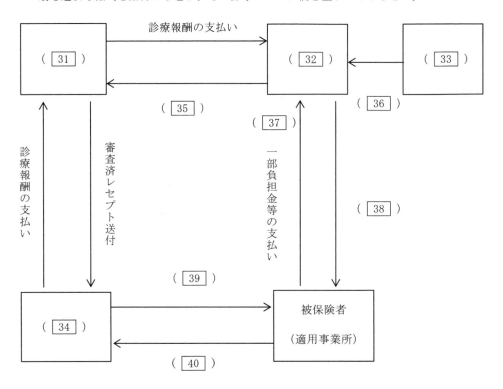

〔語　群〕

31 ～ 35

① 健康保険組合　　② 保険医療機関　　③ 全国健康保険協会　　④ レセプト請求

⑤ 社会保険事務所　　⑥ 厚生労働大臣　　⑦ 都道府県知事　　⑧ レセプト審査

⑨ 社会保険診療報酬支払基金　　⑩ 国民健康保険団体連合会

36 ～ 40

① 現金給付　　② 療養の給付　　③ 指示　　④ 登録　　⑤ 指定

⑥ 保険料の給付　　⑦ 保険料の納付　　⑧ 被保険者証の交付　　⑨ 医療券の発行

⑩ 被保険者証の提示

4．次の「医療保険制度」に関する各設問について、当てはまるものを①〜⑤より選び、その番号のマーク欄を塗りつぶしなさい。

41 Aさんは20歳で専門学校卒業後、医療法人が開設する病院に就職した。この場合、加入する公的医療保険。
　　{ ① 健康保険　　② 公務員共済組合　　③ 医師国民健康保険組合　　④ 国民健康保険
　　⑤ 後期高齢者医療制度　 }

42 作家のBさん、専業主婦のCさん、大学生のDさん、および高校生のEさんが同一住居に居住している。この場合に、国民健康保険の被保険者となる人数(全員が65歳未満とする)。
　　{ ① 0人　② 1人　③ 2人　④ 3人　⑤ 4人　 }

43 公的医療保険の給付対象となるもの。
　　a．業務外の交通事故の治療　　b．診断書の作成　　c．インフルエンザの予防接種
　　{ ① aのみ　② a，b　③ a，c　④ b，c　⑤ 対象なし　 }

44 公的医療保険の保険者ではないもの。
　　{ ① 後期高齢者医療広域連合　　② 国民健康保険中央会　　③ 国家公務員共済組合
　　④ 全国健康保険協会　　⑤ 日本私立学校振興・共済事業団　 }

45 オンライン資格確認システムを導入している保険診療を行う医療機関において、患者の被保険者資格を確認できる書類の組み合わせとして正しいもの。
　　a．マイナンバーカード（利用登録済）　　b．住民票　　c．健康保険証
　　{ ① aのみ　② a，b　③ a，c　④ b，c　⑤ a，b，c　 }

46 診療報酬の審査支払機関であるものを正しく選んでいるもの。
　　a．国民健康保険団体連合会　b．支払基金　c．地方厚生局長　d．都道府県知事
　　{ ① a，b　② b，c　③ a，c，d　④ a〜dのすべて　⑤ dのみ　 }

47 公的医療保険の保険者が行うもの。
　　a．被扶養者の認定　　b．保険料の徴収　　c．療養費の支払
　　{ ① aのみ　② a，b　③ a，c　④ b，c　⑤ a，b，c　 }

48 健康保険の被保険者の保険料の負担割合について正しいもの（特例はないものとする）。
　　{ ① 0%　② 30%　③ 50%　④ 70%　⑤ 100%　 }

49 病院が保険診療を行う要件として正しいもの。
　　a．保険医としての登録　　b．保険医療機関としての指定　　c．保険薬剤師の登録
　　{ ① aのみ　② a，b　③ a，c　④ b，c　⑤ a，b，c　 }

50 30歳である健康保険の被保険者が療養の給付を受けたときの給付率。
　　{ ① 2割　② 3割　③ 5割　④ 7割　⑤ 8割　 }

【医学的基礎知識・医療関連知識】

1．次の文章の（　　　）の中に入る最も適切な語句を下記の語群から選び、その記号のマーク欄を塗りつぶしなさい。

　　　神経系は（ 1 ）の脳、脊髄と、（ 2 ）の脳神経、脊髄神経に分けられる。脳と脊髄には、多くの（ 3 ）が集まっている。（ 1 ）は、身体の（ 4 ）からの刺激を受け取って、これに対応した刺激を命令として（ 4 ）に伝える。脳と脊髄は（ 5 ）と（ 6 ）の2つに区分され、（ 5 ）には（ 3 ）の細胞体が存在し、（ 6 ）には、神経線維が存在する。脳と脊髄は外側から（ 7 ）、（ 8 ）（ 9 ）の順に包まれている。（ 2 ）には、そのほかに（ 10 ）があり、交感神経系と副交感神経系に分けられ、全身のホメオスタシスを保っている。

〔語　群〕

① 神経細胞　　② 硬膜　　③ 末梢神経系　　④ 中枢神経系　　⑤ 灰白質

⑥ 末梢　　　　⑦ 白質　　⑧ クモ膜　　　　⑨ 自律神経　　　⑩ 軟膜

2．次の文章を読み、正しいものには①の、誤っているものには②のマーク欄を塗りつぶしなさい。

11 ミトコンドリアはエネルギーの産生に関わる細胞内小器官である。

12 橈骨や腓骨は上肢の骨である。

13 赤血球の成分であるヘモグロビンは、酸素を運搬する働きがある。

14 心臓は平滑筋で構成されており、不随意筋の一種である。

15 肺からの動脈血は肺静脈により左心房に入る。

16 肺でのガス交換を外呼吸、細胞でのガス交換を内呼吸と呼ぶ。

17 膵液は消化酵素を含み、膵管から胃へ分泌される。

18 抗利尿ホルモンは下垂体前葉から分泌される。

19 小腸で吸収された糖やアミノ酸は、門脈を経て肝臓へ運ばれる。

20 ヒトの性別は常染色体で決定され、XX が女性、XY が男性となる。

３．次の漢字の読みをひらがなで書きなさい。

21	梗塞	26	血餅
22	平滑筋	27	膝蓋骨
23	象牙質	28	吻合
24	眼瞼	29	蝸牛
25	鈍痛	30	産褥期

４．次のA群の略語に関連する語句をB群から選び、その番号のマーク欄を塗りつぶしなさい。

A群		B群	
31	PCR	①	脳波
32	EEG	②	血糖値
33	PCG	③	心電図
34	WBC	④	白血球
35	ECG	⑤	副腎皮質ホルモン
36	PLT	⑥	血中尿素窒素
37	ACTH	⑦	ポリメラーゼ連鎖反応
38	UA	⑧	血小板
39	BUN	⑨	心音図
40	BS	⑩	尿酸

5．次の文章を読み、正しい組み合わせを選び、その番号のマーク欄を塗りつぶしなさい。

41 ニューロンを構成するものはどれか。

　　a．神経細胞体　　b．グリア細胞　　c．軸索　　d．樹状突起

　　① a，b，c　　② a，c，d　　③ a，c　　④ a，d　　⑤ a〜dの全て

42 性ホルモンはどれか。

　　a．テストステロン　　b．アルドステロン　　c．プロゲステロン　　d．エストロゲン

　　① a，b，c　　② a，b，d　　③ b，c，d　　④ a，c，d　　⑤ a〜dの全て

43 耳小骨はどれか。

　　a．ツチ骨　　b．キヌタ骨　　c．アブミ骨　　d．オトガイ骨

　　① a，b，c　　② a，b，d　　③ a，c，d　　④ b，c，d　　⑤ a〜dの全て

44 肝臓のはたらきはどれか。

　　a．消化酵素分泌　　b．インスリン分泌　　c．胆汁産生　　d．糖・脂肪の貯蔵

　　① a，b　　② a，c　　③ b，c　　④ b，d　　⑤ c，d

45 脳頭蓋を構成するものはどれか。

　　a．前頭骨　　b．側頭骨　　c．頭頂骨　　d．蝶形骨

　　① a，b，c　　② a，c，d　　③ b，c，d　　④ a，b　　⑤ a〜dの全て

46 尿が流れるのはどれか。

　　a．総胆管　　b．腎盂　　c．尿管　　d．膵管

　　① a，b　　② a，c　　③ b，c　　④ b，d　　⑤ c，d

47 炭水化物（でんぷん）の分解産物はどれか。

　　a．グルコース　　b．アミノ酸　　c．果糖　　d．ガラクトース

　　① a，c　　② c，d　　③ b，c　　④ a，d　　⑤ aのみ

48 小腸の運動であるものはどれか。

　　a．振動運動　　b．蠕動運動　　c．分節運動　　d．振子運動

　　① a，b，c　　② a，b，d　　③ b，c，d　　④ a，c，d　　⑤ a〜dの全て

49 左肺を構成するのはどれか。

　　a．上葉　　b．下葉　　c．中葉　　d．前葉

　　① a，b　　② a，b，c　　③ a，b，d　　④ c，d　　⑤ a〜dの全て

50 白血球について正しいのはどれか。

　　a．酸素運搬　　b．止血作用　　c．貪食作用　　d．抗体産生

　　① a，b　　② a，c　　③ b，c　　④ b，d　　⑤ c，d

44

第70回

③級 医療秘書技能検定試験問題①答案用紙

学校名 (出身校)		在学(　)年生 既卒

番号を記入しマークしてください。

① ① ① ① ① ① ①
② ② ② ② ② ② ②
③ ③ ③ ③ ③ ③ ③
④ ④ ④ ④ ④ ④ ④
⑤ ⑤ ⑤ ⑤ ⑤ ⑤ ⑤
⑥ ⑥ ⑥ ⑥ ⑥ ⑥ ⑥
⑦ ⑦ ⑦ ⑦ ⑦ ⑦ ⑦
⑧ ⑧ ⑧ ⑧ ⑧ ⑧ ⑧
⑨ ⑨ ⑨ ⑨ ⑨ ⑨ ⑨
⓪ ⓪ ⓪ ⓪ ⓪ ⓪ ⓪

フリガナ		
受験者氏名	(姓)	(名)

級区分

1級	①
準1級	(準)①
2級	②
3級	●

答案種類

問題① ●
問題② ②

職　業

医療機関勤務	①
学　　　生	②
会　社　員	③
主　　　婦	④
そ　の　他	⑤

[医療秘書実務]

設問1	解　　答　　欄
1	① ② ③ ④ ⑤ ⑥ ⑦ ⑧ ⑨ ⑩
2	① ② ③ ④ ⑤ ⑥ ⑦ ⑧ ⑨ ⑩
3	① ② ③ ④ ⑤ ⑥ ⑦ ⑧ ⑨ ⑩
4	① ② ③ ④ ⑤ ⑥ ⑦ ⑧ ⑨ ⑩
5	① ② ③ ④ ⑤ ⑥ ⑦ ⑧ ⑨ ⑩

設問2	解　答　欄
6	① ②
7	① ②
8	① ②
9	① ②
10	① ②

[医療機関の組織・運営、医療関連法規]

設問1	解　　答　　欄
11	① ② ③ ④ ⑤ ⑥ ⑦ ⑧ ⑨ ⑩
12	① ② ③ ④ ⑤ ⑥ ⑦ ⑧ ⑨ ⑩
13	① ② ③ ④ ⑤ ⑥ ⑦ ⑧ ⑨ ⑩
14	① ② ③ ④ ⑤ ⑥ ⑦ ⑧ ⑨ ⑩
15	① ② ③ ④ ⑤ ⑥ ⑦ ⑧ ⑨ ⑩
16	① ② ③ ④ ⑤ ⑥ ⑦ ⑧ ⑨ ⑩
17	① ② ③ ④ ⑤ ⑥ ⑦ ⑧ ⑨ ⑩
18	① ② ③ ④ ⑤ ⑥ ⑦ ⑧ ⑨ ⑩
19	① ② ③ ④ ⑤ ⑥ ⑦ ⑧ ⑨ ⑩
20	① ② ③ ④ ⑤ ⑥ ⑦ ⑧ ⑨ ⑩

設問2	解　答　欄
21	① ②
22	① ②
23	① ②
24	① ②
25	① ②
26	① ②
27	① ②
28	① ②
29	① ②
30	① ②

設問3	解　　答　　欄									
31	①	②	③	④	⑤	⑥	⑦	⑧	⑨	⑩
32	①	②	③	④	⑤	⑥	⑦	⑧	⑨	⑩
33	①	②	③	④	⑤	⑥	⑦	⑧	⑨	⑩
34	①	②	③	④	⑤	⑥	⑦	⑧	⑨	⑩
35	①	②	③	④	⑤	⑥	⑦	⑧	⑨	⑩
36	①	②	③	④	⑤	⑥	⑦	⑧	⑨	⑩
37	①	②	③	④	⑤	⑥	⑦	⑧	⑨	⑩
38	①	②	③	④	⑤	⑥	⑦	⑧	⑨	⑩
39	①	②	③	④	⑤	⑥	⑦	⑧	⑨	⑩
40	①	②	③	④	⑤	⑥	⑦	⑧	⑨	⑩

設問4	解　　答　　欄				
41	①	②	③	④	⑤
42	①	②	③	④	⑤
43	①	②	③	④	⑤
44	①	②	③	④	⑤
45	①	②	③	④	⑤
46	①	②	③	④	⑤
47	①	②	③	④	⑤
48	①	②	③	④	⑤
49	①	②	③	④	⑤
50	①	②	③	④	⑤

[医学的基礎知識、医療関連知識]

設問1	解　　答　　欄									
1	①	②	③	④	⑤	⑥	⑦	⑧	⑨	⑩
2	①	②	③	④	⑤	⑥	⑦	⑧	⑨	⑩
3	①	②	③	④	⑤	⑥	⑦	⑧	⑨	⑩
4	①	②	③	④	⑤	⑥	⑦	⑧	⑨	⑩
5	①	②	③	④	⑤	⑥	⑦	⑧	⑨	⑩
6	①	②	③	④	⑤	⑥	⑦	⑧	⑨	⑩
7	①	②	③	④	⑤	⑥	⑦	⑧	⑨	⑩
8	①	②	③	④	⑤	⑥	⑦	⑧	⑨	⑩
9	①	②	③	④	⑤	⑥	⑦	⑧	⑨	⑩
10	①	②	③	④	⑤	⑥	⑦	⑧	⑨	⑩

設問2	解　　答　　欄	
11	①	②
12	①	②
13	①	②
14	①	②
15	①	②
16	①	②
17	①	②
18	①	②
19	①	②
20	①	②

設問3. 記述問題

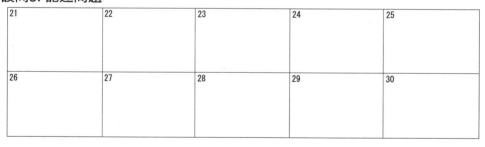

21	22	23	24	25
26	27	28	29	30

設問4	解　　答　　欄									
31	①	②	③	④	⑤	⑥	⑦	⑧	⑨	⑩
32	①	②	③	④	⑤	⑥	⑦	⑧	⑨	⑩
33	①	②	③	④	⑤	⑥	⑦	⑧	⑨	⑩
34	①	②	③	④	⑤	⑥	⑦	⑧	⑨	⑩
35	①	②	③	④	⑤	⑥	⑦	⑧	⑨	⑩
36	①	②	③	④	⑤	⑥	⑦	⑧	⑨	⑩
37	①	②	③	④	⑤	⑥	⑦	⑧	⑨	⑩
38	①	②	③	④	⑤	⑥	⑦	⑧	⑨	⑩
39	①	②	③	④	⑤	⑥	⑦	⑧	⑨	⑩
40	①	②	③	④	⑤	⑥	⑦	⑧	⑨	⑩

設問5	解　　答　　欄				
41	①	②	③	④	⑤
42	①	②	③	④	⑤
43	①	②	③	④	⑤
44	①	②	③	④	⑤
45	①	②	③	④	⑤
46	①	②	③	④	⑤
47	①	②	③	④	⑤
48	①	②	③	④	⑤
49	①	②	③	④	⑤
50	①	②	③	④	⑤

第 71 回（2023 年 11 月 12 日実施）

医療秘書技能検定試験
3級

試験時間　55 分

【医療秘書実務】

１．次は「患者接遇」に関する注意点である。（　　）の中に入る最も適切な語句を語群から選び、
　　その番号のマーク欄を塗りつぶしなさい。

　　　患者に接する仕事は、医療現場での（　1　）であり、患者や家族そして医療機関との
　　接点に立つことといえる。
　　　スタッフの役割は、患者の状況や心理を客観的にとらえ、（　2　）して治療を受けられ
　　るようにすることである。そして、（　3　）に戻れるように、健康を維持できるように、
　　また、幸福に生活を送れるように（　4　）することである。
　　　それらの役割を認識して、それぞれの職種の立場から（　5　）を発揮してサービス提
　　供することが重要である。

　　〔語　群〕
　　① 教育　　② 到着地　　③ 権限　　④ 病院　　⑤ 最前線
　　⑥ 専門性　　⑦ 心配　　⑧ 自宅　　⑨ サポート　　⑩ 安心

２．次は、「頭語と結語」の組み合わせについて述べたものである。次の頭語と結語の組み合わせ
　　が正しいものは①の、誤っているものは②のマーク欄を塗りつぶしなさい（①または②のみ
　　にマークする機械的な解答は、該当する全ての設問を０点とする）。

6	謹啓　―　再啓
7	急啓　―　早々
8	拝啓　―　敬具
9	前略　―　草々
10	冠省　―　不一

【医療機関の組織・運営、医療関連法規】

1．次は「日本の病院の特徴」を述べたものである。（　　　）の中に入る最も適切な語句を語群から選び、その番号のマーク欄を塗りつぶしなさい。

　　欧州の病院の始まりは、中世における宗教施設や慈善施設から発達してきた（　11　）であるとされている。近世になって医学の発達が医師を病院に送り込むようになった。それに比べ、日本は初めに医師ありきであり、患者が医師の家に通ってくる形態であった。これは今次対戦後まで続き、病院といっても大型の（　12　）にすぎなかった。米国で（　13　）といえば（　14　）を意味する言葉である。このような米国の影響下で、戦後の日本の病院は、医師の（　15　）に基づく（　16　）発展の条件を与えられたことにより、（　16　）の数が病院総数のうちの大多数を占めていること、（　16　）の大多数は、私的開業医の拡張・拡大することによって誕生し、（　17　）から（　18　）へ、更には病院へと発展してきたとはいえ、病院の全部といって良いほどが（　19　）を行っており、（　12　）と病院の役割分担が欧米に比べ（　20　）でないことなどの特徴をもって発展してきたと考えられる。

〔語　群〕
① 診療所　　② Hospital　　③ 外来診療　　④ 患者収容施設　　⑤ 有床診療所
⑥ 無床診療所　　⑦ 自由開業制　　⑧ 明確　　⑨ 入院施設　　⑩ 私的病院

2．次の文章を読み、正しいものには①の、誤っているものには②のマーク欄を塗りつぶしなさい（①または②のみにマークする機械的な解答は、該当する全ての設問を0点とする）。

21 中小企業が加入する全国健康保険協会管掌健康保険の被保険者証の法別番号は「01」である。

22 病院、診療所は、営利を目的としない臨床研修等修了医師・歯科医師でなければ開設することができない。

23 病院の法定人員および施設等の基準では、病室の床面積は、各病棟とも内法で患者1人につき、6.4 ㎡以内とする。

24 特定機能病院と臨床研究中核病院が有すべき病床数は、400床以上である。

25 医療法では、助産所は10人以下の入所施設とされている。

26 医療法では、病院、診療所、助産所は、医療事故が発生した場合、院内調査を行ったうえで、医療事故調査・支援センターに報告することとなっている。

27 警察官共済組合の被保険者証の法別番号は、「33」である。

28 健康保険法の被扶養者の範囲とは4親等以内である。

29 後期高齢者の資格の取得は、原則75歳の誕生日の翌月1日からである。

30 組合管掌健康保険とは、主に大企業に勤める人を対象とした医療保険である。

3．次は「医療保障」についての説明文である。（　）の中に入る最も適切な語句を語群から選び、その番号のマーク欄を塗りつぶしなさい（重複使用可）。

　　医療保障には（　31　）、国民健康保険、後期高齢者医療による保険制度および（　32　）医療制度がある。（　31　）の中の（　33　）は、一般の事業所に使用される者が（　34　）とされる。また、この（　35　）によって生計を維持する家族、すなわち（　36　）が保険診療を受けたときは、（　35　）が（　37　）の支給を受けたとみなされる扱いとなる。共済組合は、国家公務員共済組合法、地方公務員等共済組合法および日本私立学校振興・共済事業団法という３つの法律によって事業を営む（　38　）で医療に関する給付を行い、この給付を（　39　）給付という。

　　国民健康保険には、自営業者等を対象とする都道府県・市町村（特別区）の保険と国民健康（　40　）がある。

〔語　群〕
① 健康保険　　② 被扶養者　　③ 家族療養費　　④ 保険組合　　⑤ 被保険者
⑥ 短期　　　　⑦ 保険者　　　⑧ 被用者保険　　⑨ 公費負担　　⑩ 長期

4．次の文章は「療養費の支給」について述べたものである。（　）の中に入る最も適切な語句を語群から選び、その番号のマーク欄を塗りつぶしなさい。

　　被保険者等について保険事故が発生した場合において、保険者が行う所定の保障を（　41　）という。疾病、負傷などの場合に保険医療機関が、（　42　）医療サービスを（　43　）する（　44　）という療養の給付が原則とされている。

　　ただし、例外的に（　45　）にやむを得ない事情がある場合など、（　46　）を受けることが困難、またはできない場合、緊急やむを得ない場合には、（　46　）に代えて、（　47　）として、「（　48　）の支給」という制度が設けられている。この制度は、被保険者が診療に要した費用を保険医療機関に一旦支払い、後日、（　48　）として保険者から（　49　）で（　50　）を受けるものである。

〔語　群〕41～45
① 給付　② 現物給付　③ 保険給付　④ 被保険者　⑤ 直接
　　　　　46～50
① 療養の給付　② 償還　③ 療養費　④ 現金　⑤ 現金給付

【医学的基礎知識・医療関連知識】

1．次の文章の（　　　）の中に入る最も適切な語句を下記の語群から選び、その記号のマーク欄を塗りつぶししなさい。

腎臓は体内の不要な物質を尿として排出する働きを担っているが、尿を生成する機能上の基本単位を（　1　）といい、1個の腎小体とそれに続く（　2　）から成っている。腎小体は（　3　）という糸玉状の毛細血管網と、それを取り囲む（　4　）嚢から構成されており、（　3　）を流れる血液から水や電解質、（　5　）、尿素などが濾過されて（　4　）腔に出て行き、尿のもととなる（　6　）がつくられる。

（　6　）が（　2　）を流れていく間に、生体に必要な物質の（　7　）が行われる。水分の99%、（　5　）の100%などが（　7　）されて、最終的な尿となる。

生成された尿は腎臓の中央部にある（　8　）に集まり、（　9　）を通って膀胱に蓄えられる。膀胱に尿が一定量貯まると尿意を感じ、（　10　）から体外へ排出される。

〔語　群〕

① 糸球体　　② 尿管　　③ 尿細管　　④ 尿道　　⑤ ブドウ糖
⑥ ネフロン　　⑦ 原尿　　⑧ 腎盂　　⑨ ボウマン　　⑩ 再吸収

2．次の文章を読み、正しいものには①の、誤っているものには②のマーク欄を塗りつぶしなさい。

11　身体の面の表現として正中面とは身体を左右の半分に分ける面の事を言う。

12　脳に分布する動脈には内頸動脈、外頸動脈がある。

13　頸神経は7対である。

14　難聴には伝音性と感音性がある。

15　毛細血管は血液の中にある赤血球の直径とほとんど等しい。

16　骨は骨質、関節軟骨、骨膜、骨髄などの組織から構成される。

17　下気道に喉頭が含まれる。

18　大腸の輪状ヒダをケルクリングヒダともいう。

19　膵臓は頭部、体部、尾部と分けられる。

20　肝硬変と門脈圧亢進症は関連性はない。

3．次の漢字の読み、英単語の意味をひらがなで書きなさい。

21	洞房結節	26	aorta
22	鼓膜	27	trachea
23	易疲労感	28	colon
24	胸郭	29	plasma
25	腰痛穿刺	30	thyroid gland

4．次のＡ群の略語に関連する語句をＢ群から選び、その番号のマーク欄を塗りつぶしなさい。

	Ａ群		Ｂ群
31	ＢＭ	①	経口ブドウ糖負荷試験
32	ＥＭＧ	②	ヒト免疫不全ウイルス
33	ＧＨ	③	Ｂ型肝炎
34	ＥＣＧ	④	Ｃ反応性蛋白
35	ＣＣＵ	⑤	基礎代謝
36	ＨＩＶ	⑥	空腹時血糖値
37	ＣＲＰ	⑦	成長ホルモン
38	ＦＢＳ	⑧	筋電図
39	ＨＢ	⑨	冠疾患集中治療室
40	ＯＧＴＴ	⑩	心電図

5．次の文章を読み、正しい組み合わせを選び、その番号のマーク欄を塗りつぶしなさい。

41　下肢にある骨はどれか。

a．大腿骨　　b．腓骨　　c．脛骨　　d．尺骨

① a，b，c　　② a，c，d　　③ a，c　　④ a，d　　⑤ a～dの全て

42　血清成分はどれか。

a．アルブミン　　b．グロブリン　　c．フィブリノゲン　　d．水分

① a，b，c　　② a，b，d　　③ a，c，d　　④ b，c，d　　⑤ a～dの全て

43　脳幹を構成するものはどれか。

a．大脳　　b．中脳　　c．小脳　　d．延髄

① a，b，c　　② a，c，d　　③ b，c　　④ b，d　　⑤ a～dの全て

44　消化酵素はどれか。

a．アミラーゼ　　b．胆汁酸　　c．インスリン　　d．トリプシン

① a，b　　② a，c　　③ a，d　　④ b，c　　⑤ c，d

45　動脈血が流れているのはどれか。

a．右心房　　b．右心室　　c．左心房　　d．左心室

① a，b　　② a，b，c　　③ a，b，d　　④ c，d　　⑤ a～dの全て

46　脳神経はどれか。

a．三叉神経　　b．顔面神経　　c．嗅神経　　d．舌咽神経

① a，b，c　　② a，b，d　　③ b，c，d　　④ a，c，d　　⑤ a～dの全て

47　内分泌器官はどれか。

a．膵臓　　b．肝臓　　c．卵巣　　d．脾臓

① a，b　　② a，c　　③ b，c　　④ c，d　　⑤ a～dの全て

48　脳脊髄膜はどれか。

a．軟膜　　b．硬膜　　c．強膜　　d．結膜

① a，b　　② a，c　　③ a，d　　④ b，c　　⑤ b，d

49　3大唾液腺はどれか。

a．耳下腺　　b．舌下腺　　c．歯下腺　　d．顎下腺

① a，b　　② a，b，c　　③ a，b，d　　④ b，d　　⑤ a～dの全て

50　不随意筋はどれか。

a．横隔膜　　b．咀嚼筋　　c．子宮の筋　　d．心筋

① a，b　　② a，c　　③ a，d　　④ b，d　　⑤ c，d

③級 医療秘書技能検定試験問題①答案用紙

学 校 名 (出身校)		在学（ ）年生 既卒

フリガナ		
受験者氏名	(姓)	(名)

級 区 分		答案種類		職　業	
1級	①	問題①	●	医療機関勤務	①
準1級	⑴	問題②	②	学　　　生	②
2級	②			会　社　員	③
3級	●			主　　　婦	④
				そ　の　他	⑤

[医療秘書実務]

設 問 1	解　　　答　　　欄
1	① ② ③ ④ ⑤ ⑥ ⑦ ⑧ ⑨ ⑩
2	① ② ③ ④ ⑤ ⑥ ⑦ ⑧ ⑨ ⑩
3	① ② ③ ④ ⑤ ⑥ ⑦ ⑧ ⑨ ⑩
4	① ② ③ ④ ⑤ ⑥ ⑦ ⑧ ⑨ ⑩
5	① ② ③ ④ ⑤ ⑥ ⑦ ⑧ ⑨ ⑩

設 問 2	解　答　欄
6	① ②
7	① ②
8	① ②
9	① ②
10	① ②

[医療機関の組織・運営、医療関連法規]

設 問 1	解　　　答　　　欄
11	① ② ③ ④ ⑤ ⑥ ⑦ ⑧ ⑨ ⑩
12	① ② ③ ④ ⑤ ⑥ ⑦ ⑧ ⑨ ⑩
13	① ② ③ ④ ⑤ ⑥ ⑦ ⑧ ⑨ ⑩
14	① ② ③ ④ ⑤ ⑥ ⑦ ⑧ ⑨ ⑩
15	① ② ③ ④ ⑤ ⑥ ⑦ ⑧ ⑨ ⑩
16	① ② ③ ④ ⑤ ⑥ ⑦ ⑧ ⑨ ⑩
17	① ② ③ ④ ⑤ ⑥ ⑦ ⑧ ⑨ ⑩
18	① ② ③ ④ ⑤ ⑥ ⑦ ⑧ ⑨ ⑩
19	① ② ③ ④ ⑤ ⑥ ⑦ ⑧ ⑨ ⑩
20	① ② ③ ④ ⑤ ⑥ ⑦ ⑧ ⑨ ⑩

設 問 2	解　答　欄
21	① ②
22	① ②
23	① ②
24	① ②
25	① ②
26	① ②
27	① ②
28	① ②
29	① ②
30	① ②

設問3	解　　答　　欄
31	① ② ③ ④ ⑤ ⑥ ⑦ ⑧ ⑨ ⑩
32	① ② ③ ④ ⑤ ⑥ ⑦ ⑧ ⑨ ⑩
33	① ② ③ ④ ⑤ ⑥ ⑦ ⑧ ⑨ ⑩
34	① ② ③ ④ ⑤ ⑥ ⑦ ⑧ ⑨ ⑩
35	① ② ③ ④ ⑤ ⑥ ⑦ ⑧ ⑨ ⑩
36	① ② ③ ④ ⑤ ⑥ ⑦ ⑧ ⑨ ⑩
37	① ② ③ ④ ⑤ ⑥ ⑦ ⑧ ⑨ ⑩
38	① ② ③ ④ ⑤ ⑥ ⑦ ⑧ ⑨ ⑩
39	① ② ③ ④ ⑤ ⑥ ⑦ ⑧ ⑨ ⑩
40	① ② ③ ④ ⑤ ⑥ ⑦ ⑧ ⑨ ⑩

設問4	解　答　欄
41	① ② ③ ④ ⑤
42	① ② ③ ④ ⑤
43	① ② ③ ④ ⑤
44	① ② ③ ④ ⑤
45	① ② ③ ④ ⑤
46	① ② ③ ④ ⑤
47	① ② ③ ④ ⑤
48	① ② ③ ④ ⑤
49	① ② ③ ④ ⑤
50	① ② ③ ④ ⑤

［医学的基礎知識、医療関連知識］

設問1	解　　答　　欄
1	① ② ③ ④ ⑤ ⑥ ⑦ ⑧ ⑨ ⑩
2	① ② ③ ④ ⑤ ⑥ ⑦ ⑧ ⑨ ⑩
3	① ② ③ ④ ⑤ ⑥ ⑦ ⑧ ⑨ ⑩
4	① ② ③ ④ ⑤ ⑥ ⑦ ⑧ ⑨ ⑩
5	① ② ③ ④ ⑤ ⑥ ⑦ ⑧ ⑨ ⑩
6	① ② ③ ④ ⑤ ⑥ ⑦ ⑧ ⑨ ⑩
7	① ② ③ ④ ⑤ ⑥ ⑦ ⑧ ⑨ ⑩
8	① ② ③ ④ ⑤ ⑥ ⑦ ⑧ ⑨ ⑩
9	① ② ③ ④ ⑤ ⑥ ⑦ ⑧ ⑨ ⑩
10	① ② ③ ④ ⑤ ⑥ ⑦ ⑧ ⑨ ⑩

設問2	解　答　欄
11	① ②
12	① ②
13	① ②
14	① ②
15	① ②
16	① ②
17	① ②
18	① ②
19	① ②
20	① ②

設問3. 記述問題

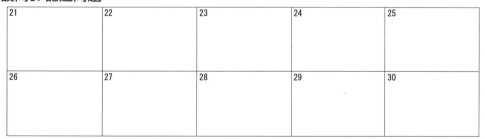

設問4	解　　答　　欄
31	① ② ③ ④ ⑤ ⑥ ⑦ ⑧ ⑨ ⑩
32	① ② ③ ④ ⑤ ⑥ ⑦ ⑧ ⑨ ⑩
33	① ② ③ ④ ⑤ ⑥ ⑦ ⑧ ⑨ ⑩
34	① ② ③ ④ ⑤ ⑥ ⑦ ⑧ ⑨ ⑩
35	① ② ③ ④ ⑤ ⑥ ⑦ ⑧ ⑨ ⑩
36	① ② ③ ④ ⑤ ⑥ ⑦ ⑧ ⑨ ⑩
37	① ② ③ ④ ⑤ ⑥ ⑦ ⑧ ⑨ ⑩
38	① ② ③ ④ ⑤ ⑥ ⑦ ⑧ ⑨ ⑩
39	① ② ③ ④ ⑤ ⑥ ⑦ ⑧ ⑨ ⑩
40	① ② ③ ④ ⑤ ⑥ ⑦ ⑧ ⑨ ⑩

設問5	解　答　欄
41	① ② ③ ④ ⑤
42	① ② ③ ④ ⑤
43	① ② ③ ④ ⑤
44	① ② ③ ④ ⑤
45	① ② ③ ④ ⑤
46	① ② ③ ④ ⑤
47	① ② ③ ④ ⑤
48	① ② ③ ④ ⑤
49	① ② ③ ④ ⑤
50	① ② ③ ④ ⑤

MEMO

本試験問題
解答・解説

第67回問題　解答・解説

【医療秘書実務】

設問1	解　　答　　欄									
1	①	②	③	④	⑤	●	⑦	⑧	⑨	⑩
2	①	②	③	④	●	⑥	⑦	⑧	⑨	⑩
3	①	②	③	●	⑤	⑥	⑦	⑧	⑨	⑩
4	①	②	③	④	⑤	⑥	⑦	⑧	●	⑩
5	①	②	③	④	⑤	⑥	⑦	⑧	⑨	●

設問1
＜解説＞

　医療秘書の身だしなみについて出題した。文中の（　）に解答を当てはめ熟読すること。清潔感のある身だしなみが基本であり、過度な長髪、茶髪、髭などは論外である。

設問2	解　答　欄	
6	●	②
7	①	●
8	①	●
9	●	②
10	①	●

設問2
＜解説＞

6　〇：初診などという専門用語を理解できない患者もいるため、「初めてでいらっしゃいますか」等と聞くのが正しい。

7　×：「本日はいかがなさいましたか」等と接遇用語を使う。

8　×：「少々お待ちください」等と接遇用語を使う。

9　〇：分かる人にしっかりと引き継ぐこと。

10　×：お大切ではなく「どうぞお大事に」である。

【医療機関の組織・運営、医療関連法規】

設問1	解　　　答　　　欄
11	① ② ③ ④ ⑤ ⑥ ⑦ ⑧ ⑨ ●
12	① ② ③ ④ ⑤ ⑥ ● ⑧ ⑨ ⑩
13	● ② ③ ④ ⑤ ⑥ ⑦ ⑧ ⑨ ⑩
14	① ② ③ ④ ⑤ ● ⑦ ⑧ ⑨ ⑩
15	① ② ③ ④ ⑤ ⑥ ⑦ ● ⑨ ⑩
16	① ● ③ ④ ⑤ ⑥ ⑦ ⑧ ⑨ ⑩
17	① ② ③ ● ⑤ ⑥ ⑦ ⑧ ⑨ ⑩
18	① ② ● ④ ⑤ ⑥ ⑦ ⑧ ⑨ ⑩
19	① ② ③ ④ ● ⑥ ⑦ ⑧ ⑨ ⑩
20	① ② ③ ④ ⑤ ⑥ ⑦ ⑧ ● ⑩

設問1
<解説>

　日本の医療保険制度についての設問である。文中の（　）の中に解答を当てはめ熟読すること。

　日本は1961（昭和36）年以降、国民皆保険・皆年金制度を継続しており、無保険でいることは許されない。保険医療機関に医療保険の被保険者証を提示すれば、1〜3割等の患者負担で保険診療を受けることができる。

　また、フリーアクセス制度（患者が自らの意志により、診療を受ける医療機関を自由に選択することができる）も日本の医療制度の特徴である。このことを私たち日本人は当然のことのように認識しているが、実は国際的にみれば非常にまれな制度であり、諸外国では自由に診療医を選べない国が多い。

　皆保険・フリーアクセスにより、日本では医療の自由度はあるが、その反面、国民医療費は高騰し続けるというデメリットもある。

設問2	解　答　欄
21	● ②
22	● ②
23	① ●
24	● ②
25	① ●
26	● ②
27	① ●
28	● ②
29	① ●
30	① ●

設問2
<解説>

21　○：この標準報酬月額は別に規定されている標準報酬月額表に当てはめられ、月々の医療保険と年金保険の保険料が決定し、毎月の給与からはその100分の50が控除される。
　　　標準報酬月額表は保険者により若干異なっている。

22 〇：保険医療機関の指定は6年毎の更新制である。

23 ×：診療録の保存期間は「保険医療機関及び保険医療養担当規則」第9条により次のように規定されている。

(帳簿等の保存)

第9条 保険医療機関は、療養の給付の担当に関する帳簿及び書類その他の記録をその完結の日から3年間保存しなければならない。ただし、患者の診療録にあっては、その完結の日から5年間とする。

24 〇：医療法第7条6に次の条文がある。

営利を目的として、病院、診療所又は助産所を開設しようとする者に対しては、第四項の規定にかかわらず、第一項の許可を与えないことができる。

病院または有床診療所を開設する場合には都道府県知事の許可を受けなければならないが、営利目的の開設の場合は許可を与えないことができると規定されている。

しかし誤解して欲しくないのは、利益を出すことを否定している訳ではないことである。医療機関が存続するためには成長利益を出すことは必要条件であり、将来の建て替え資金のための資金も生み出さねばならない。

25 ×：医療法では院長のことを管理者という。管理者は医療機関（病院・診療所）の運営責任者である。事務部長は事務部門の責任者（長）である。

26 〇：日本に中国から医療が伝わったのは5～6世紀以降であり、多くの生薬（漢方）が持ち込まれている。その後は明治政府により西洋医学の導入が正式に決定するまでの間は、独自に発展を遂げた漢方医学が主流であった。

27 ×：「救急医療の提供」は地域医療支援病院の承認要件であり、特定機能病院の承認要件とはなっていない。

28 〇：主治医が患者の診療に責任を持ち、診療方針を決定する。

29 ×：院長とは異なり、副院長は医師（臨床研修等修了医師等）でなければならないという規定はない。したがって、事務長や看護部長を副院長に昇格させる病院も増えてきている。

30 ×：医師法第19条に次の通り規定されている。

診療に従事する医師は、診察治療の求があった場合には、正当な事由がなければ、これを拒んではならない。

医師は医師法により法的義務が規定されており、そのうちのひとつがこの「応招義務」である。ここでいう正当な事由とは、

・医師本人が病気等
・医師本人が手術中等で手が離せない
・他の病院で宿直中であり、往診できない　等

このようなケースが考えられ、こういった事実上診療が不可能なケースでは、診療の申し出を拒むことはやむを得ない。

設問3	解　答　欄									
31	①	②	③	④	●	⑥	⑦	⑧	⑨	⑩
32	①	②	③	④	⑤	●	⑦	⑧	⑨	⑩
33	①	②	③	④	⑤	⑥	⑦	⑧	●	⑩
34	①	②	③	④	⑤	⑥	●	⑧	⑨	⑩
35	①	②	●	④	⑤	⑥	⑦	⑧	⑨	⑩
36	①	②	③	④	●	⑥	⑦	⑧	⑨	⑩
37	①	●	③	④	⑤	⑥	⑦	⑧	⑨	⑩
38	①	②	③	④	⑤	⑥	⑦	●	⑨	⑩
39	①	②	③	●	⑤	⑥	⑦	⑧	⑨	⑩
40	①	②	③	④	⑤	⑥	●	⑧	⑨	⑩

設問3

<解説>

　「医療提供の理念」は医療法第1条の2で規定される。文中の（　）の中に解答を当てはめ熟読すること。

　これは1992年の第二次医療法改正において盛り込まれ、その後も改正を重ね現在に至っている。主な特徴としては、

・医療従事者と患者の信頼関係
・患者の心身の状況に応じた医療の提供
・インフォームドコンセントの努力義務
・包括医療の推進
・国民自らの健康保持増進の努力
・福祉サービスその他の関連サービスとの有機的な連携

等があげられる。医療はどのような理念のもとで提供されるべきであるかということが良く分かる条文である。

　なお国民の健康に関しては、健康増進法においても次のように規定されている。

（国民の責務）

第2条　国民は、健康な生活習慣の重要性に対する関心と理解を深め、生涯にわたって、自らの健康状態を自覚するとともに、健康の増進に努めなければならない。

　もはや健康であることは国民の義務であるといえる。

設問4	解 答 欄				
41	①	②	●	④	⑤
42	①	●	③	④	⑤
43	●	②	③	④	⑤
44	①	②	③	④	●
45	●	②	③	④	⑤
46	①	②	③	●	⑤
47	①	②	③	④	●
48	①	●	③	④	⑤
49	①	②	●	④	⑤
50	①	②	③	④	●

設問4

<解説>

　病院の定義は医療法第1条の5において規定される。

　この法律において、「病院」とは、医師又は歯科医師が、公衆又は特定多数人のため医業又は歯科医業を行う場所であって、20人以上の患者を入院させるための施設を有するものをいう。病院は、傷病者が、科学的でかつ適正な診療を受けることができる便宜を与えることを主たる目的として組織され、かつ、運営されるものでなければならない。

　条文からは20床以上の病床数のみが注目されがちであるが、病院の特徴は後半部分にこそ良く表現されている。病院は組織的にチーム医療を提供することが最大の特徴であり、ライン部門のスタッフ各々が患者中心の医療の提供のため、それぞれの専門性を活かすところにある。ここが同じ医療提供施設でも診療所と大きく異なる点であるといえる。

　一般的に事業主または経営者と称する者を医療法では「開設者」という。個人経営の病院等の場合は、病院等を経営する個人が開設者であり、法人が病院等を経営する場合は、その法人が開設者である（法人には代表者が必要であり、医療法人の代表者を理事長という）。

　院長のことを医療法では管理者という。管理者（院長）は病院等の経営者ではない。その任務は開設者の従業員という立場で組織を管理することである。

【医学的基礎知識、医療関連知識】

設問1	解　　答　　欄									
1	①	②	③	④	●	⑥	⑦	⑧	⑨	⑩
2	●	②	③	④	⑤	⑥	⑦	⑧	⑨	⑩
3	①	②	③	④	⑤	⑥	●	⑧	⑨	⑩
4	①	●	③	④	⑤	⑥	⑦	⑧	⑨	⑩
5	①	②	③	④	⑤	⑥	⑦	●	⑨	⑩
6	①	②	③	④	⑤	⑥	⑦	⑧	⑨	●
7	①	②	③	●	⑤	⑥	⑦	⑧	⑨	⑩
8	①	②	●	④	⑤	⑥	⑦	⑧	⑨	⑩
9	①	②	③	④	⑤	⑥	⑦	●	⑨	⑩
10	①	②	③	④	⑤	●	⑦	⑧	⑨	⑩

設問1
＜解説＞

　下部消化器に関わる問題である。簡単に言えば「うんち」の生成過程である。老若男女問わず、男性は主に下痢、女性は便秘に悩まされる人は多い。排便は、自分の意志で制御することは基本的には困難であるため、「出物腫物処構わず」の諺通り「うんち」を原因とするトラブルに巻き込まれた経験のない人はいないであろう。

　ヒトは生命を維持するために、燃料としての食物の摂取が必須であるが、この食物は全てが栄養でできているわけではないので、上部消化器で消化された食物の栄養素を小腸が吸収しても不要な残渣が残る。これが便の正体である。空腸・回腸で栄養素が吸収された後の食物残渣は腸液と混合されたドロドロの液状にある。このままでは、体積も多いし一時保存も困難であるので、大腸で水分を吸収してコンパクトな便として固形化する。この便の固形化に重要な役割を果たすのが食物繊維である。吸収されない繊維成分が消化しきれなかった食物残渣や腸内の乳酸菌・大腸菌の産生する老廃物も纏めて絡め取って、固形化させる。一定程度の容積を持った固形の食物残渣（便）ができないと、大腸を刺激しないので便意が発生せずに便を溜め込んでしまう。これが便秘を引き起こす一つの原因である。「便秘解消には繊維の多い食べ物を摂取しなさい」と言われる所以である。

　小腸が約5〜7m、大腸が1.5m位の長さであり、合計10m近い管の中を、腸管がシゴキ運動をして食物残渣を移動させながら便が作られる。この腸管の運動を蠕動運動と呼ぶが、この運動が止まったり、動いている最中に腸管が絡まってしまって消化管内容物の輸送ができなくなってしまった状態を日本では纏めて腸閉塞（Ileus: イレウス）と言う。

　大腸機能が障害されると、下痢と便秘を引き起こすが、下痢は消化管運動が亢進した結果、水分を吸収する時間がなくなり便を形成する時間的余裕もなくなって水分含有量の多い便を頻回に排泄することと定義される。便秘は、食物残渣の消化管停留時間が長期にわたる結果、食物残渣（便）の水分が過剰に吸収され、硬度が上がることで流動性が低下し、水分も吸収された結果便の体積も減少し消化管を刺激しなくなるため、排便欲求が生じなくなることが原因である。しかし、便秘は数日間排便を見ないことだと短絡的に定義できない。実際の場合個人差が大きく、4〜5日排便を見なくても排便後に残便感を残さなければ便秘とは言えないし、逆に毎日排便を見ても、常に残便感を維持した状態は便秘と定義すべきである。

　大変平易な問題であり、秋の検定試験でこのレベルであれば、全問正解できるのではないかと思われる。

設問2	解　答　欄	
11	●	②
12	●	②
13	①	●
14	●	②
15	●	②
16	①	●
17	①	●
18	●	②
19	①	●
20	①	●

設問2
＜解説＞

11 ○

12 ○

13 ×：骨髄で生成される。

14 ○

15 ○

16 ×：逆である。

17 ×：B型の血液を拒絶するための、抗B抗体を有している。

18 ○：これらを皮膚付属器と総称する。

19 ×：腹式呼吸の際に重要な役割をする。

20 ×：よく間違える。胆汁は肝臓で合成されて、胆嚢で貯蔵され濃縮を受ける。

設問3　記述問題

21	22	23	24	25
かいけつびょう	きょけつ	こうげんびょう	ほっせき	ふんごう
26	27	28	29	30
(こきゅうすう) こきゅう	はい	かんぞう	けつあつ	たいおん

設問3
＜解説＞

21 かいけつびょう：ビタミンC欠乏症のこと。

22 きょけつ：血液の供給が乏しくなった状態。

23 こうげんびょう：大半が自己免疫性疾患であり。結合組織の障害に関わる疾患。

24 ほっせき：皮膚が炎症によって赤くなった状態。よく「はっせき」と呼ぶ人がいるがこれは間違い。医療人として恥ずかしいので、決してそのように呼ばないこと。

25　ふんごう：管と管が繋がっている部分。回腸と盲腸の接合部（吻合部）回盲部などと呼ぶ。
26　呼吸（こきゅう）：肺と外気間、血液と細胞間のガス交換のこと。
27　肺（はい）：呼吸器のこと。
28　肝臓（かんぞう）：消化器（消化腺）で腹腔内最大の臓器。
29　血圧（けつあつ）：動脈に掛かる血液の圧力のこと。
30　体温（たいおん）：説明の必要はない。

設問 4	解　　答　　欄
31	① ② ● ④ ⑤ ⑥ ⑦ ⑧ ⑨ ⑩
32	① ② ③ ④ ⑤ ⑥ ⑦ ● ⑨ ⑩
33	① ② ③ ④ ⑤ ⑥ ● ⑧ ⑨ ⑩
34	① ② ③ ④ ● ⑥ ⑦ ⑧ ⑨ ⑩
35	① ② ③ ④ ⑤ ⑥ ⑦ ⑧ ● ⑩
36	① ● ③ ④ ⑤ ⑥ ⑦ ⑧ ⑨ ⑩
37	① ② ③ ● ⑤ ⑥ ⑦ ⑧ ⑨ ⑩
38	① ② ③ ④ ⑤ ● ⑦ ⑧ ⑨ ⑩
39	① ② ③ ④ ⑤ ⑥ ⑦ ⑧ ⑨ ●
40	● ② ③ ④ ⑤ ⑥ ⑦ ⑧ ⑨ ⑩

設問 4
＜解説＞

31　World（世界）Health（健康：保健）Organization（機関）：世界保健機関
32　Activity（活動性）Daily（日常）Living（生活）：日常生活動作
33　Quality（質）Of（の）Life（生活：人生）：生活の質
34　Electro（電子）Encephalo（脳）Graphy（図）：脳波
35　Magnetic（磁気）Resonance（共鳴）Imaging（画像）
36　Positron（陽電子）Emission（放射）Tomography（断層撮影）
37　Coronary（冠動脈疾患）Care（治療）Unit（施設）：冠疾患集中治療室
38　Red（赤）Blood（血液）Cell（細胞）：赤血球
39　Erythrocytes（赤血球）Sedimentation（沈降）Rate（速度）：赤沈
　　Blood（血液）Sedimentation（沈降）Rate（速度）：血沈
40　Family（家族）History（歴史）：家族歴

設問5	解 答 欄				
41	①	②	③	●	⑤
42	①	●	③	④	⑤
43	●	②	③	④	⑤
44	●	②	③	④	⑤
45	①	②	●	④	⑤
46	①	②	③	●	⑤
47	●	②	③	④	⑤
48	①	②	③	④	●
49	①	②	③	④	●
50	①	●	③	④	⑤

設問5

<解説>

41 高校の家庭科の講義で習っているはずである。Vit.A 欠乏症：夜盲症、Vit.C 欠乏症：壊血病、Vit.B1 欠乏症：脚気、Vit.B12 欠乏症：貧血（赤芽球性貧血）である。従って答えは④。

42 梅毒は性行為によって伝染する細菌感染（性病）。流行性耳下腺炎（おたふく風邪：別名 Mumps）、麻疹（はしか）、インフルエンザは、ウィルスによって媒介される。従って答えは②。

43 クッシング症候群は副腎皮質疾患、橋本病は甲状腺疾患、巨人症は下垂体疾患、ネフローゼは腎疾患。この中で、内分泌器官に由来する疾患は前３者である。従って答えは①。

44 副交感神経が働いているときは、リラックスした時と考えれば良い。リラックスしているとドキドキしないし、お腹が空く→食欲が亢進→消化管運動の亢進→消化液の分泌亢進となる。逆に緊張すれば、ドキドキするし、食欲など何処かに行ってしまう。集中するために瞳孔が散大する。従って答えは③。

45 シンチグラムは放射性元素を使った核医学検査、超音波検査は身体に超音波を当てて反射してくる超音波を画像にした画像検査、心電図と肺機能検査は、身体の活動状況や能力を調べる検査で生理学的検査と総称する。ここで間違えやすいのは、超音波検査である。一般的に画像検査と呼ばれるが、身体に何ら侵襲を加えないので、生理機能検査と言える。ちょっとグレイな問題である。従って答えは③。

46 これは覚える以外にない。耳小骨（ツチ骨、キヌタ骨、アブミ骨）は中耳腔に存在、その他は内耳に位置する。従って答えは④。

47 インスリンの分泌やリパーゼの分泌は膵臓の内分泌機能と外分泌機能に由来する。合成も膵臓内で行われる。肝臓では、グリコーゲンの合成と貯蔵、胆汁の合成である。従って答えは①。

48 これは基本中の基本である。赤血球 (RBC) は酸素運搬、血小板 (PLT) 従っては血液凝固（止血）、白血球 (WBC) は、異物の貪食や免疫を司る抗体を作る機能、すなわち生体防衛に機能する。従って答えは⑤。

49 凝固機能検査は、PT：Prothrombin Time(プロトロンビン時間）、APTT：Activated Partial Thromboplastin Time（活性化部分トロンボプラスチン時間）、出血時間、FDP：Fibrin Degradation Products（フィブリン分解産物）のことである。いずれも血液凝固と線溶系検査であるから全てである。従って答えは⑤。

50 これはもはや間違えてはならない。冠動脈、大動脈、肺静脈には動脈血が流れる。肺動脈の役割は、全身から戻ってきた酸素の少ない二酸化炭素を多く含む静脈血を肺に運搬する血管で、二酸化炭素を放出させて、酸素を吸収して、動脈血にするための輸送経路である（別名；肺循環・小循環）。従って答えは②。

第68回問題　解答・解説

【医療秘書実務】

設問1	解　　答　　欄
1	① ② ③ ● ⑤ ⑥ ⑦ ⑧ ⑨ ⑩
2	① ● ③ ④ ⑤ ⑥ ⑦ ⑧ ⑨ ⑩
3	① ② ③ ④ ⑤ ⑥ ⑦ ● ⑨ ⑩
4	① ② ● ④ ⑤ ⑥ ⑦ ⑧ ⑨ ⑩
5	① ② ③ ④ ● ⑥ ⑦ ⑧ ⑨ ⑩

設問1
＜解説＞

　医療秘書が担当する受付・会計窓口での金銭管理について出題した。金銭が絡むため、他業務と比べても誤りのないよう細心の注意を必要とする。正確な金額を提示し、声を出し応対することにより患者やご家族にも安心感を与えることができる。

設問2	解　答　欄
6	● ②
7	① ●
8	● ②
9	① ●
10	① ●

設問2
＜解説＞

⑥　○：正しい。

⑦　×：医療機関によっては、部署名や自分の氏名も名乗る。

⑧　○：正しい。症状を詳しく聞くことにより、その後に転送した診療部や看護部でも、適切な対応に繋げることができる。

⑨　×：生年月日、住所、被保険者証の番号などは、受付時に診療申込書に記入してもらえば十分である。

⑩　×：その時点で、空いている日時に都合が合うか否かを確認してもらえば済むことである。

設問1	解　　答　　欄									
11	●	②	③	④	⑤	⑥	⑦	⑧	⑨	⑩
12	①	●	③	④	⑤	⑥	⑦	⑧	⑨	⑩
13	①	②	③	④	⑤	⑥	⑦	⑧	●	⑩
14	①	②	③	④	⑤	●	⑦	⑧	⑨	⑩
15	①	②	③	④	⑤	⑥	⑦	⑧	⑨	●
16	①	②	③	●	⑤	⑥	⑦	⑧	⑨	⑩
17	①	②	③	④	⑤	⑥	●	⑧	⑨	⑩
18	①	②	③	④	●	⑥	⑦	⑧	⑨	⑩
19	①	②	●	④	⑤	⑥	⑦	⑧	⑨	⑩
20	①	②	③	④	⑤	⑥	⑦	●	⑨	⑩

設問1

＜解説＞

　病院の事務系業務についての設問である。これから病院の事務・秘書系の職種に就こうとしている者には、これらの業務内容についての基礎知識を持って欲しいという願いから出題している。

　11 14 18 19 については、前後を読めば導きだせる。12 13 は保険医療機関の収入が、患者が支払う負担金と保険者が支払う診療報酬で成り立っていることを理解していれば正答できる。15～17 は診療報酬請求の流れであり、請求の流れが理解できていれば正答ができる。20 については、消去法で正答が可能である。

設問2	解　答　欄	
21	①	●
22	①	●
23	●	②
24	●	②
25	①	●
26	●	②
27	●	②
28	①	●
29	●	②
30	①	●

設問2

＜解説＞

21　×：公的医療機関とは、都道府県、市町村その他厚生労働大臣の定める者の開設する病院又は診療所をいう（医療法第31条）。ここでいう厚生労働大臣の定める者とは、日本赤十字社、社会福祉法人恩賜財団済生会、社会福祉法人北海道社会事業協会、全国厚生農業協同組合連合会、国家公務員共済組合連合会、公立学校共済組合、社団法人全国社会保険協会連合会、財団法人厚生年金事業振興団、財団法人船員保険会を指す。よって国立医療機関は、公的医療機関とは異なり、独立行政法人国立病院機構等の開設する病院をいう。

22　×：保険医療機関および保険薬局は厚生労働大臣の指定を受けなければならない（健康保険法第65条）。

23　○：設問の通り。

24　○：設問の通り。通常の病院（一般病床）の医師数は、1日平均在院患者数16名に対して医師1名以上を標準とし、1日平均外来患者数40名に対して医師1名以上を標準としている（眼科、耳鼻咽喉科、精神科は80対1）。それに比べて特定機能病院は、1日平均在院患者数8名に対して医師1名以上を標準とし（病床の種別を問わず）、1日平均外来患者数20名に対して医師1名以上を標準としている（診療科を問わず）。つまり、特定機能病院は通常の病院と比較して、約2倍の医師数の配置が求められることとなる。

25　×：診療録開示に対して拒否してはならないと規定しているのは医師法ではなく、個人情報の保護に関する法律第33条である。条文を簡潔に下記に記す。

　　　"本人は、個人情報取扱事業者に対し、当該本人が識別される保有個人データの電磁的記録の提供による方法その他の個人情報保護委員会規則で定める方法による開示を請求することができる。

　　　個人情報取扱事業者は、請求を受けたときは、本人に対し、当該本人が請求した方法により、遅滞なく、当該保有個人データを開示しなければならない"

26　○：設問の通り。経営方針を立て、計画的に経営を行っていかなければならないことは、一般企業も医療機関も変わらない。

27　○：患者第一（patient first）はサービス業たる医療では当然の考え方である。

28　×：設問の他に、歯科医師、栄養士（病床数100以上の病院には1名以上）、看護補助者（療養病床を有する病院）が定員を定めている。

29　○：主治医が患者の診療に責任を持ち、診療方針を決定する。

30　×：医療法第4条に総合病院が規定されていたのは、1997年の第三次医療法改正までであり、同改正にて第4条は「地域医療支援病院」に入れ替わっている。なお、総合病院という制度はもはや存在しないが、それまで、病院名に「〜総合病院」等という名称を使用していた病院は、引き続き使用してよいこととなっている。

設問3	解　　　答　　　欄									
31	①	②	●	④	⑤	⑥	⑦	⑧	⑨	⑩
32	①	②	③	④	⑤	●	⑦	⑧	⑨	⑩
33	①	②	③	④	⑤	⑥	⑦	⑧	⑨	●
34	①	②	③	④	⑤	⑥	⑦	●	⑨	⑩
35	①	②	③	●	⑤	⑥	⑦	⑧	⑨	⑩
36	●	②	③	④	⑤	⑥	⑦	⑧	⑨	⑩
37	①	●	③	④	⑤	⑥	⑦	⑧	⑨	⑩
38	①	②	③	④	⑤	⑥	⑦	⑧	●	⑩
39	①	②	③	④	⑤	⑥	●	⑧	⑨	⑩
40	①	②	③	④	●	⑥	⑦	⑧	⑨	⑩

設問3

<解説>

　設問については健康保険法第1条、第35条および第36条で規定されている。

第1条　この法律は、労働者又はその被扶養者の業務災害以外の疾病、負傷若しくは死亡又は出産に関して保険給付を行い、もって国民の生活の安定と福祉の向上に寄与することを目的とする。

第35条　被保険者は、適用事業所に使用されるに至った日若しくはその使用される事業所が適用事

業所となった日から、被保険者の資格を取得する。

第36条　被保険者は、次の各号のいずれかに該当するに至った日の翌日（その事実があった日に更に前条に該当するに至ったときは、その日）から、被保険者の資格を喪失する。

1　死亡したとき。

2　その事業所に使用されなくなったとき。

設問と条文を熟読し理解に努めること。

設問4	解　答　欄
41	① ② ③ ④ ●
42	① ② ③ ● ⑤
43	● ② ③ ④ ⑤
44	① ● ③ ④ ⑤
45	① ② ● ④ ⑤
46	① ② ③ ④ ●
47	① ② ● ④ ⑤
48	● ② ③ ④ ⑤
49	① ② ③ ● ⑤
50	① ● ③ ④ ⑤

設問4

＜解説＞

医療保険制度の法別番号を理解することは、医療事務の基礎知識である。

保険者番号は被用者保険と後期高齢者医療は8桁、国民健康保険は6桁で構成されており（退職者医療は8桁）、8桁の最初の2桁を法別番号（規定している法令を区別する番号）という。

2021年現在の法別番号は以下の通りである。

法別番号	医療保険の名称
01	全国健康保険協会管掌健康保険（協会けんぽ）
02	船員保険
03	日雇特例被保険者の保険（一般療養）
04	日雇特例被保険者の保険（特別療養費）
06	組合管掌健康保険
07	防衛省職員給与法による自衛官等の療養の給付
31	国家公務員共済組合
32	地方公務員等共済組合
33	警察共済組合
34	公立学校共済組合　日本私立学校振興・共済事業団
39	高齢者の医療の確保に関する法律による療養の給付
63	特定健康保険組合（特例退職被保険者）

67	国民健康保険法による退職者医療
72	国家公務員特定共済組合
73	地方公務員等特定共済組合
74	警察特定共済組合
75	公立学校特定共済組合　私立学校振興・共済事業団

【医学的基礎知識、医療関連知識】

設問1	解　　答　　欄
1	① ② ③ ● ⑤ ⑥ ⑦ ⑧ ⑨ ⑩
2	① ② ③ ④ ⑤ ⑥ ● ⑧ ⑨ ⑩
3	① ● ③ ④ ⑤ ⑥ ⑦ ⑧ ⑨ ⑩
4	① ② ③ ④ ⑤ ⑥ ⑦ ⑧ ⑨ ●
5	● ② ③ ④ ⑤ ⑥ ⑦ ⑧ ⑨ ⑩
6	① ② ③ ④ ⑤ ⑥ ⑦ ● ⑨ ⑩
7	① ② ③ ④ ⑤ ⑥ ⑦ ⑧ ● ⑩
8	① ② ③ ④ ⑤ ● ⑦ ⑧ ⑨ ⑩
9	① ② ● ④ ⑤ ⑥ ⑦ ⑧ ⑨ ⑩
10	① ② ③ ④ ● ⑥ ⑦ ⑧ ⑨ ⑩

設問1
＜解説＞

　上部消化器に関わる問題である。消化器は管の構造をした消化管（管腔臓器ともいう）と分泌を主体とする消化腺に分類される。消化管は口腔から始まり肛門に至るまでの管腔臓器を定義しており、消化腺は胆嚢、膵臓、肝臓と（時に脾臓を含む場合もある）理解しておけばよい。さらに消化管は口腔→食道→（噴門）→胃→（幽門）→十二指腸迄の上部消化管（器）と空腸→回腸→盲腸→結腸→直腸→肛門迄の下部消化管（器）に分けられる。

　解剖学的な構造は設問中に詳細に説明されており、教科書ドリル的な理解が深まる問題として作られており良問と言える。

　胃の生理機能は、強力な胃酸による殺菌と蛋白質の粗消化である。食物は、食道を経由して胃に運ばれた段階で分泌された胃液と胃の蠕動運動によって撹拌混和される。この段階で強酸性の胃酸（塩酸）と蛋白質分解酵素（ペプシン）の働きで、食物中のタンパク質がペプチド程度に荒っぽく消化される。料理で言うと固まりの肉（タンパク質）を包丁（ペプシン）を使って一口大に乱切り（ペプチド）したと考えればよい。その後、この一口大の乱切り肉（ペプチド）は、十二指腸で膵臓から分泌される蛋白質分解酵素（トリプシン）の働きで、挽肉（アミノ酸）にまで分解されてから利用される。蛋白質は身体を構成する上で必須の成分であるが、消化し難いために、２段階消化を行っている。

　ところで胃は平滑筋であり、焼き肉で言えばホルモン、煮込みで言えばモツである。すなわちタンパク質で構成されており、容易に胃酸とペプシンで消化されてしまう。これを防ぐために胃壁の粘膜表面を粘液で覆うことで、常に強酸性に晒されている環境でありながら胃壁を胃酸とペプシンの攻撃から守っている。この攻撃から守る粘液の分泌が不足したり、失われると粘膜が胃酸とペプシンで損傷され、胃潰瘍という病態を引き起こす。

　胃は、蛋白質を消化するだけでなく、ビタミン類の吸収にも関係していることも覚えておこう。ちなみに、「ホルモンやモツ」のプルプル・ツルツルした食感は、粘膜・粘膜下組織と漿膜・漿膜下組織に由来し、コリコリした食感は筋層に由来する。解剖学的構造を思い出せば、より美味しく？食べられるはずである。

設問2	解 答 欄	
11	①	●
12	●	②
13	①	●
14	●	②
15	①	●
16	●	②
17	①	●
18	●	②
19	①	●
20	●	②

設問2
＜解説＞

11　×：一般的な欠乏性貧血は鉄が不足することにより Hb（ヘモグロビン）が減少し、その結果 RBC（赤血球）が減少することで発症する。

12　○

13　×：逆である。心臓があるから左は2枚（2葉）と覚えよう。

14　○

15　×：アミラーゼが分泌され、糖質を消化（分解）する。リパーゼは脂質の消化酵素である。

16　○

17　×：これも逆である。右（心）房・右（心）室間には三尖弁、左（心）房・左（心）室は僧帽弁が（心）房（心）室間を隔てている。

18　○：唯一の器官（臓器）であるので絶対忘れないように。

19　×：胆嚢は、肝臓で作られた胆汁を貯蔵して濃縮する器官である。

20　○

設問3　記述問題

21	22	23	24	25
ひよりみかんせん	じんましん	えんげこんなん	がっかせん（がくかせん）	こうがい
26	**27**	**28**	**29**	**30**
おうかくまく	しょちしつ	ぶんべんしつ	ひぞう	あくえきしつ

設問3
＜解説＞

21　ひよりみかんせん：身体の抵抗力が低下している時に生じる感染症のこと。

22　じんましん：1型アレルギーの典型。

23　えんげこんなん：食べ物、飲み物が飲み込めない状態。

16

24 がっかせん：唾液を分泌する器官。
25 こうがい
26 おうかくまく
27 しょちしつ：医療行為を行う場所。
28 ぶんべんしつ：出産を行う場所。
29 ひぞう
30 あくえきしつ：Cachexia とも覚えておこう。

設問4	解　　　　答　　　　欄									
31	①	②	③	④	⑤	●	⑦	⑧	⑨	⑩
32	①	●	③	④	⑤	⑥	⑦	⑧	⑨	⑩
33	①	②	③	④	⑤	⑥	⑦	⑧	⑨	●
34	①	②	③	④	⑤	⑥	⑦	●	⑨	⑩
35	①	②	③	●	⑤	⑥	⑦	⑧	⑨	⑩
36	●	②	③	④	⑤	⑥	⑦	⑧	⑨	⑩
37	①	②	③	④	⑤	⑥	⑦	⑧	●	⑩
38	①	②	③	④	⑤	⑥	●	⑧	⑨	⑩
39	①	②	●	④	⑤	⑥	⑦	⑧	⑨	⑩
40	①	②	③	④	●	⑥	⑦	⑧	⑨	⑩

設問4
<解説>
31 Fasting（空腹）Blood（血液）Sugar（糖）：空腹時血糖
32 Electro（電気）Cardio（心臓）Graph（y）（図）または Gram：心電図
33 Phono（音）Cardio（心臓）Graph（y）（図）又は Gram：心音図
34 Glomerular（糸球体）Filtration（濾過）Rate（速度：率）
35 Coronary（冠動脈）Angio（動脈）Graph（y）（造影）
36 Acute（急性）Respiratory（呼吸）Distress（窮迫）Syndrome（症候群）
37 Coronary（冠動脈疾患）Care（治療）Unit（施設）：冠疾患集中治療室
38 Disseminated（播種性）Intravascular（血管内）Coagulation（凝固）症候群
39 Hemoglobin A 1C：グリコヘモグロビン　（これは略語と名前が一致しない）
40 Magnetic（磁気）Resonance（共鳴）Angiograph（y）（血管造影）

設問5	解 答 欄
41	● ② ③ ④ ⑤
42	● ② ③ ④ ⑤
43	① ● ③ ④ ⑤
44	① ② ③ ④ ●
45	① ② ● ④ ⑤
46	① ● ③ ④ ⑤
47	① ● ③ ④ ⑤
48	① ② ③ ● ⑤
49	① ② ③ ④ ●
50	① ② ● ④ ⑤

設問5
<解説>

[41] ネフロンは、動脈由来毛細血管の集まり（糸球体）がボウマン嚢に包まれて腎小体（マルピーギ小体）となり、この腎小体から尿細管へと続きネフロンを一個形成する。これが100万個程度集合した臓器が腎臓である。尿管は腎臓から膀胱へ開口する組織でネフロンの構成組織ではない。従って答えは①。

[42] これも覚える以外にないが、右心房上部に心臓に収縮指令を出す洞房結節が存在し、この指示（電気信号）が房室結節、ヒス束、左右の脚に伝わり、最終的にプルキンエ線維へと繋がり、心室が収縮するための電気信号が伝令される。従って答えは①。

[43] 血液の流路を考えればすぐに納得できる。右心房に戻ってきた血液は、右心室に運ばれ、右心室に接続する肺動脈を経由して肺に運ばれる。肺に輸送された血液は、ガス交換を経て左心房に返血される。従って答えは②。

[44] 残念ながらこれは理屈抜きで覚える以外にない。内腸骨動脈は骨盤周囲に分布する血管、門脈は肝臓に接続する静脈。上腕動脈と橈骨動脈は上肢の血管である。従って答えは⑤。

[45] 問41を参照のこと。従って答えは③。

[46] 消化酵素でペプシン以外はすべて膵臓で作られ分泌されている。一方、胆汁は消化酵素ではなく、界面活性剤（石鹸）として消化酵素と食物との混じり合いを円滑にして、消化を促す。胆汁は肝臓で作られ、胆嚢に貯蔵される。従って答えは②。

[47] ファータ乳頭は、胆管と膵管の開口部のこと。従って、膵臓で作られ、胆嚢で分泌された成分がファータ乳頭を経て十二指腸に放出される。ファータ乳頭は大十二指腸乳頭とも別名するので合せて覚えよう。従って答えは②。

[48] 人種的にアジア系、アフリカ系の人間は鼻が低い。逆にヨーロッパ、特に北欧の人種は鼻が高い。これは気候に由来し、寒冷地域に住むヨーロッパ系の人種は呼吸の時に吸い込んだ冷たい空気を鼻腔で加温するとともに加湿して冷たい空気が直接肺に入らないように、保護している。そして、鼻腔に生えた鼻毛が空気中の埃を除去する。大気汚染の激しい地域に居住すると鼻毛の伸長が速い。アジア系の人種の鼻が低いのは、温暖な地域に生活圏を持つ人種であるため、空気を加温・加湿する必要がないからである。従って答えは④。

[49] これは中学・高等学校のレベルである。リボゾームと小胞体がタンパク質の合成に関わり、ミトコンドリアはエネルギーを作る働き、中心体は細胞分裂の時に関わる細胞内小器官である。従って答えは⑤。

[50] β-細胞は、膵臓のランゲルハンス島に存在する。プルキンエ細胞は小脳に存在する神経細胞、リンパ球と単球は白血球の種類の一つ。従って答えは③。

第69回問題　解答・解説

【医療秘書実務】

設問1	解　　　答　　　欄									
1	①	②	③	④	⑤	⑥	⑦	⑧	●	⑩
2	①	②	③	④	⑤	⑥	⑦	⑧	⑨	●
3	①	②	③	●	⑤	⑥	⑦	⑧	⑨	⑩
4	①	②	●	④	⑤	⑥	⑦	⑧	⑨	⑩
5	●	②	③	④	⑤	⑥	⑦	⑧	⑨	⑩

設問1
＜解説＞

　医療秘書に求められる資質について出題した。最も重要な資質は、業務上知りえた秘密は他に漏らさない＝守秘義務を遂行できるかであるが、設問にあるように向上心、コミュニケーション能力等も求められる。（　　）の中に解答を当てはめ、理解に努めること。

設問2	解　答　欄	
6	①	●
7	●	②
8	①	●
9	●	②
10	①	●

設問2
＜解説＞

6　×：誤り。資料などの受け渡しをする際には、相手が読みやすい向きに文字を向ける。自分が読みやすいようにではなく、相手のことを考えて対応する。

7　○：正しい。

8　×：誤り。上司の指示を受けるときは、途中で質問や意見があったとしても、指示を最後まで聞いてから質問するようにする。

9　○：正しい。

10　×：誤り。何かの作業をしながら応対することは避ける。上司から声を掛けられたときは、作業の手を止めて、上司の側に体を向けて話を聞く。

【医療機関の組織・運営、医療関連法規】

設問1	解 答 欄
11	① ② ③ ● ⑤ ⑥ ⑦ ⑧ ⑨ ⑩
12	● ② ③ ④ ⑤ ⑥ ⑦ ⑧ ⑨ ⑩
13	① ② ③ ④ ⑤ ● ⑦ ⑧ ⑨ ⑩
14	① ② ③ ④ ⑤ ⑥ ⑦ ● ⑨ ⑩
15	① ② ③ ④ ⑤ ⑥ ⑦ ⑧ ⑨ ●
16	① ● ③ ④ ⑤ ⑥ ⑦ ⑧ ⑨ ⑩
17	① ② ③ ④ ⑤ ⑥ ⑦ ⑧ ● ⑩
18	① ② ● ④ ⑤ ⑥ ⑦ ⑧ ⑨ ⑩
19	① ② ③ ④ ● ⑥ ⑦ ⑧ ⑨ ⑩
20	① ② ③ ④ ⑤ ⑥ ● ⑧ ⑨ ⑩

設問1

＜解説＞

⑪ 日常生活動作（＝ADL（Activities of Daily Living））は、移動・排泄・食事・更衣・洗面・入浴など患者の自立度の指標として使われる。

⑫ コ・メディカル（＝Co-medical）とは、医師と協働して医療を行う医療専門職種の総称であり、臨床工学技士のみならず、理学療法士、作業療法士、言語聴覚士、臨床検査技師、診療放射線技師等のことを指す。

⑬ サマリー（＝Summary）を直訳すれば“要約”であるが、医療機関では一般的に退院時要約を指す言葉として使われる。退院時要約とは、入院中に受けた医療内容についてまとめた記録であり、入院中の治療、診断情報を的確に把握するための重要な記録になる。

⑭ 「特別の療養環境」の提供とは、病室のランク（個室、2人部屋等）に応じて医療機関毎に決めている一定の料金（室料差額）を徴収することにより、入院患者により良質でプライバシーに配慮した病室に入院してもらうシステムをいう。この料金の徴収は健康保険法で規定された保険外併用療養費の選定療養として認められている。

⑮ 終末期医療（＝Terminal care）とは、病気で余命がわずかになった患者に対して行う、医療・看護的、介護的ケアのことである。

⑯ 初期医療（＝Primary care）とは、身近にあって、何でも相談にのってくれる総合的な医療のことであり、日本では開業医がその任務を担っている。

⑰ 組織を大別すると、ライン部門とスタッフ部門に分けられる。ライン部門とは事業目的に直結した業務を行う部門のことであり、病院の主目的は、「入院患者に継続した医療を提供すること」であるため、診療部門、看護部門、副診療部門、栄養給食部門等がライン部門となる。スタッフ部門とはライン部門を援助する部門であり、事務部門、地域連携部門、施設管理・環境整備部門等がスタッフ部門となる。

⑱ 保険診療（点数表に載っている医療行為）以外の医療であっても、学会等で有効性が認められている医療行為は数多い。「評価療養」とは、厚生労働大臣が定める高度の医療技術を用いた療養その他の療養で、将来、公的保険給付の対象とするべきかどうか評価を行うものをいう。先進医療は「評価療養」のひとつである。

⑲ 理学療法士（＝PT（Physical Therapist））は、身体に障害がある人等の身体運動機能の回復や維持・向上を図り自立した日常生活が送れるよう、医師の指示の下、運動の指導や物理療法を行う医療技術者である。

⑳ 病院長のことを医療法では管理者という。

設問2	解　答　欄	
21	①	●
22	●	②
23	①	●
24	●	②
25	①	●
26	①	●
27	●	②
28	●	②
29	●	②
30	●	②

設問2
＜解説＞

21　×：診療録開示に対して拒否してはならないと規定しているのは医師法ではなく、個人情報の保護に関する法律第33条である。条文を簡潔に下記に記す。

　　　"本人は、個人情報取扱事業者に対し、当該本人が識別される保有個人データの電磁的記録の提供による方法その他の個人情報保護委員会規則で定める方法による開示を請求することができる。

　　　個人情報取扱事業者は、請求を受けたときは、本人に対し、当該本人が請求した方法により、遅滞なく、当該保有個人データを開示しなければならない"

22　○：病院はエックス線装置を備えなければならない（医療法第21条）。

　　他に必須の施設は、

　　　　・各科専門の診察室
　　　　・手術室（診療科に外科系診療科を有する場合）
　　　　・処置室
　　　　・臨床検査施設
　　　　・調剤所（病院内の薬局のこと）
　　　　・給食施設
　　　　・分娩室および新生児入浴施設（診療科に産婦人科または産科を有する場合）
　　　　・機能訓練室（療養病床を有する場合）
　　　　・その他都道府県条例で定める施設

23　×：患者用食堂を備えなければならないのは、療養病床を有する病院のみである（医療法施行規則第21条）。

24　○：設問の通り。明治時代の初期、大学東校や長崎医学校において本格的な西洋医学教育が開始されてはいたものの、当時の日本の医師のうち圧倒的多数を占めたのは漢方医であり、西洋医の数は非常に少なく、また、医師やその他の医療関係者（薬剤師や助産師等）に関する資格制度が存在しなかったため、それら医療関係者の技能も高くはなかった。よって西洋医学を学んだ医師を養成する必要に迫られていたわけである。

25　×：病院機能に関する設問である。教育・研修機能は大学附属病院のみの機能ではなく、全病院が果たすべき機能であるといえよう。医療関係職は養成校を卒業し、または国家試験に合格したからといって、それで教育が完結する訳ではない。病院での勤務を通して医療人として様々なことを学び、成長していくのである。読者もこのことは努々忘れないでいただきたい。

設問3	解　答　欄									
31	●	②	③	④	⑤	⑥	⑦	⑧	⑨	⑩
32	①	②	③	④	⑤	⑥	⑦	⑧	●	⑩
33	①	②	③	④	⑤	⑥	●	⑧	⑨	⑩
34	①	●	③	④	⑤	⑥	⑦	⑧	⑨	⑩
35	①	②	③	●	⑤	⑥	⑦	⑧	⑨	⑩
36	①	②	●	④	⑤	⑥	⑦	⑧	⑨	⑩
37	①	②	③	④	●	⑥	⑦	⑧	⑨	⑩
38	①	②	③	④	⑤	⑥	⑦	●	⑨	⑩
39	①	②	③	④	⑤	⑥	⑦	●	⑨	⑩
40	①	②	③	④	⑤	⑥	⑦	⑧	⑨	●

設問3
＜解説＞

31 32 被保険者への疾病または負傷に対する医療行為が「療養の給付」、すなわち医療サービスを直接受けることができる。被扶養者に対しても同様であるが、被扶養者が受ける療養の給付は「家族療養費」の支給という。

33 被用者保険とは勤務する労働者が加入する医療保険の総称である。これには健康保険の他、船員保険、国家公務員共済組合、地方職員共済組合、警察共済組合、公立学校共済組合、日本私立学校振興・共済事業団等がある。

34 設問通り、75歳以上の国民は原則として後期高齢者医療保険に加入しなければならない（生活保護制度等の加入者は除く）。また65～75歳未満の一定の障害のある者も加入の対象となる。

35 33の加入者以外の者、すなわち勤務先のない自営業者、作家等の自由業は国民健康保険に加入することとなる。

36 診療報酬は中医協（中央社会保険医療協議会）で審議され、最終的に厚生労働大臣が決定する。

37 被用者保険、公費単独（生活保護等）の提出先は社会保険診療報酬支払基金であり、国民健康保険や後期高齢者医療保険は国民健康保険団体連合会に提出する。

38 39 医療行為が保険から給付されるか否かは最終的には保険者が決定する。また、保険料の徴収も保険者の業務である。

40 コルセット等の治療用装具の作成は外部業者に委託するため、いったんその費用を業者に支払い、

その領収証を保険者に提出することにより、後日、保険者から現金での支給をうけることができる。この方法を「償還払い」または「療養費の支給」という（健康保険法第 87 条）。

設問4	解　答　欄				
41	①	②	●	④	⑤
42	●	②	③	④	⑤
43	●	②	③	④	⑤
44	①	②	③	●	⑤
45	●	②	③	④	⑤
46	①	②	③	④	●
47	●	②	③	④	⑤
48	①	②	●	④	⑤
49	①	②	●	④	⑤
50	①	②	③	●	⑤

設問4
＜解説＞

41　この法律において、「診療所」とは、医師又は歯科医師が、公衆又は特定多数人のため医業又は歯科医業を行う場所であって、患者を入院させるための施設を有しないもの又は19人以下の患者を入院させるための施設を有するものをいう（医療法第1条の5第2項）。

42　臨床研修等修了医師、臨床研修等修了歯科医師又は助産師が診療所又は助産所を開設したときは、開設後10日以内に、診療所又は助産所の所在地の都道府県知事に届け出なければならない（医療法第8条）。

43　病院又は診療所の開設者は、その病院又は診療所が医業をなすものである場合は臨床研修等修了医師に、歯科医業をなすものである場合は臨床研修等修了歯科医師に、これを管理させなければならない（医療法第10条）。

44　a〜dの全てが医療法そして医療法施行規則により必要な職員数が規定されている。栄養士は病床数100名以上の病院には1名以上を要す（医療法施行規則第19条の2第4項）。

45　以下、令和4年9月末、厚生労働省医療施設動態調査。
　　病院総数8,156件、そのうち医療法人立の病院は5,658件、70％弱を占める。

46　医療法人においては、原則として、役員として原則3名以上の理事および1名以上の監事をおく必要がある（医療法第46条の5第1項）。そして、理事の中から理事長を1名選出するが、原則として、医師または歯科医師である理事から選出する必要がある（同法46条の6第1項）。

47　200床以上を要す（医療法施行規則第6条の2）。

48　400床以上を要す（医療法施行規則第6条の5）。

49　保険医療機関および保険薬局の指定および取消は厚生労働大臣が行う（健康保険法第65条）。

50　保険医療機関の指定は、指定の日から起算して6年を経過したときは、その効力を失う（健康保険法第68条）。ただし、別段の申し出がないときは継続される。

【医学的基礎知識、医療関連知識】

設問1	解 答 欄									
1	①	②	●	④	⑤	⑥	⑦	⑧	⑨	⑩
2	①	②	③	④	●	⑥	⑦	⑧	⑨	⑩
3	①	②	③	④	⑤	⑥	⑦	⑧	●	⑩
4	①	②	③	●	⑤	⑥	⑦	⑧	⑨	⑩
5	①	②	③	④	⑤	⑥	⑦	●	⑨	⑩
6	①	②	③	④	⑤	⑥	●	⑧	⑨	⑩
7	①	●	③	④	⑤	⑥	⑦	⑧	⑨	⑩
8	●	②	③	④	⑤	⑥	⑦	⑧	⑨	⑩
9	①	②	③	④	⑤	⑥	⑦	⑧	⑨	●
10	①	②	③	④	⑤	●	⑦	⑧	⑨	⑩

設問1

<解説>

　循環器の基礎中の基礎問題である。第58回試験においてもほぼ同様な内容の設問が出題されている。本解説はこの時の解説を踏襲している。

　2心房2心室で成り立っている哺乳類（ヒト）の心臓は、心房は全身や組織から心臓に戻ってくる血液を受け止める役割。心室は、全身や組織に血液を送り出す役割と理解しておけば良い。

　同時に圧力（血圧）のかからない心房には静脈が接続しており、心室は心臓の収縮による血液の圧力（血圧）に耐えられるような動脈が接続している。以下順番に。

　左心房から僧帽弁を通過して左心室に送り込まれた血液（動脈血）は、収縮（拍動）することで、大動脈を使って全身に血液を送り出し、循環を生じさせる。この時1回の拍動で大体50 mLくらい血液が送り出されると覚えておくと良い。すると、例えば脈拍が1分間80回、すなわち80回拍動するとして、50 mL/回 x80回/分＝4000 mL/分となり、なんと4Lもの血液が1分間に全身を駆け巡っているのである。私たちの身体は体重の1/13（7％）くらいの血液を保有している。従って65 Kgの男性だったら、5L位の血液が流れている。すなわちほぼ1分で全身の血液が入れ替わっていると思えば良い。全身を流れた血液（静脈血）は、組織や細胞に酸素を届けて、組織や細胞で作られた二酸化炭素を回収し、静脈血へと変換される。これを内呼吸と呼び、こうやって最終的に血液が静脈を経て、右心房に返血される。この循環過程を大循環（体循環）と呼ぶ。

　右心房に戻った静脈血は三尖弁を通過して右心室に送り込まれ、肺動脈を経て肺に送られる。肺では、体循環で静脈血中に回収してきた二酸化炭素（炭酸ガス）を外気に排泄し、外気中の酸素を取り込み動脈血へと変換する。このガス交換（呼吸）を外呼吸と呼び、動脈血となった血液は肺静脈を経て左心房に返血される。これを小循環（肺循環）と呼ぶ。

設問2	解　答　欄	
11	①	●
12	●	②
13	①	●
14	●	②
15	●	②
16	●	②
17	①	●
18	①	●
19	①	●
20	●	②

設問2
＜解説＞
11　×：アルブミンである。

12　○

13　×：下垂体前葉からである。下垂体後葉から分泌されるホルモンは、オキシトシン、バソプレシン（抗利尿ホルモン）のみ、あとは前葉と覚えておけば良い。

14　○

15　○：反対に光を感じない部分を盲点（視神経乳頭）と呼ぶ。

16　○

17　×：これは逆である。胃と食道の吻合部を噴門、胃と十二指腸の吻合部を幽門と呼ぶ。

18　×：α細胞からはグルカゴン（血糖上昇ホルモン）、β細胞からインスリン（血糖低下ホルモン）が分泌される。

19　×：脳幹は、中脳、橋、延髄と間脳までを指す。

20　○

設問3　記述問題

21	22	23	24	25
きょうかく	けんぽう	じかん	そけいぶ	こうしんれつ
26	27	28	29	30
しきゅう	すいぞう	じんぞう	い	ちょくちょう

設問3
＜解説＞
21　きょうかく：胸椎（きょうつい）・肋骨（ろっこつ）および胸骨で囲われた部分。

22　けんぽう：肩甲骨の骨の突起のこと。

23　じかん：中耳と鼻を交通する管のこと。

24　そけいぶ：大腿部（左右）の付け根にある溝の内側にある下腹部の三角形状の部分。

25　こうしんれつ：先天異常の一つ。
26　しきゅう：子宮
27　すいぞう：膵臓
28　じんぞう：腎臓
29　い：胃
30　ちょくちょう：直腸

設問4	解答欄									
31	①	②	③	④	⑤	⑥	●	⑧	⑨	⑩
32	①	②	③	④	⑤	⑥	⑦	●	⑨	⑩
33	①	②	③	④	⑤	⑥	⑦	⑧	⑨	●
34	①	②	●	④	⑤	⑥	⑦	⑧	⑨	⑩
35	①	②	③	④	⑤	⑥	⑦	⑧	●	⑩
36	①	●	③	④	⑤	⑥	⑦	⑧	⑨	⑩
37	①	②	③	④	●	⑥	⑦	⑧	⑨	⑩
38	●	②	③	④	⑤	⑥	⑦	⑧	⑨	⑩
39	①	②	③	●	⑤	⑥	⑦	⑧	⑨	⑩
40	①	②	③	④	⑤	●	⑦	⑧	⑨	⑩

設問4

＜解説＞

31　Medical（医療）Social（ソーシャル）Worker（ワーカー）：社会福祉士・精神保健福祉士
32　Positron（陽電子）Emission（放出）Tomography（断層撮影）
33　Basal（基礎）Body（身体）Temperature（温度）：基礎体温
34　Quality（質）of（の）Life（生活）：生活の質
35　Coronary（冠疾患）Care（集中治療）Unit（ユニット）：冠疾患集中治療室
36　C-Reactive（C―反応性）Protein（蛋白質）
37　Informed（説明）Consent（同意）：説明と同意
38　Magnetic（磁気）Resonance（共鳴）Imaging（画像）
39　Activity（活性）Daily（日常）Living（生活）：日常生活活性＝日常生活動作
40　Past（過去）History（歴史）：既往歴（患者の過去の罹患した病気の記録）

設問5	解答欄				
41	●	②	③	④	⑤
42	①	●	③	④	⑤
43	①	②	③	④	●
44	①	②	●	④	⑤
45	①	②	③	●	⑤
46	①	②	●	④	⑤
47	①	●	③	④	⑤
48	①	②	③	④	●
49	●	②	③	④	⑤
50	①	②	③	●	⑤

設問5
<解説>

⎡41⎤ 十二指腸→空腸→回腸までを小腸と呼び、それ以降盲腸→結腸→直腸を大腸と定義する。したがって答えは①。

⎡42⎤ これも覚える以外にないが、橈骨：前腕の骨、寛骨：骨盤を構成する左右の骨、手根骨：手の付け根に存在する複数の骨、脛骨：下腿の骨。したがって答えは②。

⎡43⎤ 胃液は塩酸を含む強酸性の液体で、塩酸と共に分泌されるペプシンの働きで食物中のタンパク質を消化する。アミラーゼは、唾液腺と膵臓から分泌される糖質をブドウ糖に分解する酵素。胆汁は、脂肪を水に溶けやすくしてリパーゼの働きを補助したり、リパーゼの働きで分解された脂肪酸を吸収しやすくする働き。したがって答えは⑤。

⎡44⎤ 残念ながらこれは理屈抜きで覚える以外にない。実際には全て男女ともに存在していて分泌量の問題である。テストステロンは主に男性に、プロゲステロンとエストロゲンは女性に見られるホルモンである。オキシトシンは、男女共通に存在する蛋白系ホルモンである。したがって答えは③。

⎡45⎤ 設問1を参照のこと。したがって答えは④。

⎡46⎤ 胸膜は、呼吸器を構成する要素、髄膜は脊髄を構成する要素、強膜と結膜は眼球を構成する要素。したがって答えは③。

⎡47⎤ 前脛骨動脈：下肢に栄養を送る血管、尺骨動脈：肘窩から手にかけて走行する血管、腓骨動脈：これも下肢に栄養を送る血管、内頸動脈：脳へ血液を送る役割をしている血管。したがって答えは②。

⎡48⎤ 僧帽筋：首から肩や背中の上部にかけてつながっている筋肉、腹直筋：前腹壁の中を走る筋肉、上腕三頭筋と上腕二頭筋：上肢の筋肉、したがって答えは⑤。

⎡49⎤ これは理解していてほしい。肺静脈に大動脈である。したがって答は①。

⎡50⎤ 肝臓の4大機能は、合成（作る）、貯蔵（貯める）、分泌（払い出す）、代謝（解毒）である。肝臓はコレステロールを原料に胆汁を作成し、吸収されたブドウ糖からグリコーゲンを合成して貯蔵し、必要な時に分泌する。胆汁を濃縮するのは、胆嚢の働き、尿の生成は腎臓の働きである。したがって答えは④。

第70回問題　解答・解説

【医療秘書実務】

設問1	解　　答　　欄
1	① ② ③ ④ ⑤ ⑥ ● ⑧ ⑨ ⑩
2	① ② ● ④ ⑤ ⑥ ⑦ ⑧ ⑨ ⑩
3	① ② ③ ④ ⑤ ⑥ ⑦ ⑧ ● ⑩
4	① ● ③ ④ ⑤ ⑥ ⑦ ⑧ ⑨ ⑩
5	① ② ③ ④ ⑤ ● ⑦ ⑧ ⑨ ⑩

設問1
<解説>

　仕事終了の報告は、まず結論から入る。この原則から外れた報告をする者も多い。理由や経過から入ると言い訳がましくなり、報告を受ける側も結論が見えないためイライラするものである。曖昧な言葉は使わず、タイミングを外さず報告することが大切である。

※ 5 W 3H 〜 When（いつ：時間）、Where（どこで：場所）、Who（誰が：対象人物）、What（何を：課題）、Why（なぜ：理由・動機）、How（どのように：手段）、How Many（どれくらい：規模）、How Much（いくら：価格）

設問2	解　答　欄
6	① ●
7	① ●
8	● ②
9	● ②
10	① ●

設問2
<解説>

⑥　×：誤り。3回位の余裕をもって出て良い。

⑦　×：誤り。朝は「おはようございます」、待たせたときは「お待たせいたしました」等を第一声にする。

⑧　○：正しい。

⑨　○：正しい。

⑩　×：誤り。電話は掛けた側が先に切って良いとされている。

28

【医療機関の組織・運営、医療関連法規】

設問1	解　　答　　欄
11	① ② ③ ④ ● ⑥ ⑦ ⑧ ⑨ ⑩
12	① ② ③ ④ ⑤ ● ⑦ ⑧ ⑨ ⑩
13	① ② ③ ④ ⑤ ⑥ ⑦ ● ⑨ ⑩
14	① ● ③ ④ ⑤ ⑥ ⑦ ⑧ ⑨ ⑩
15	● ② ③ ④ ⑤ ⑥ ⑦ ⑧ ⑨ ⑩
16	① ② ③ ④ ⑤ ⑥ ⑦ ⑧ ⑨ ●
17	① ② ● ④ ⑤ ⑥ ⑦ ⑧ ⑨ ⑩
18	① ② ③ ● ⑤ ⑥ ⑦ ⑧ ⑨ ⑩
19	① ② ③ ④ ⑤ ⑥ ⑦ ⑧ ● ⑩
20	① ② ③ ④ ⑤ ⑥ ● ⑧ ⑨ ⑩

設問1
<解説>

11 日本における医療計画は、日常生活圏で通常必要とされる医療の確保のため、都道府県が作成する整備計画である。二次医療機関を単位とし、地域医療の効率化・体系化をはかるものであり、医療法第30条の4で規定される。

12 リハビリテーションは狭義では「機能回復訓練」と訳される。事故・疾病で後遺症が残った者などを対象に、その能力を回復させるために行う訓練や療法。広義では、社会生活関係で脱落・背離した者に対する回復のための支援サービス。教育・職業・心理等の分野があり、「社会復帰」と訳すことができる。

13 中央材料室とは手術・診療等で使用した医療器材を洗浄・滅菌する部署であり、手術室に併設されていることが多い。

14 医療ソーシャルワーカーとは、病院などの保険医療機関の場における相談業務を主とする職業であり、MSW（Medical Social Worker）ともいわれている。保険医療機関や保健所等に常駐し、患者やその家族が抱えている経済的・心理的・社会的な問題を、社会福祉の観点から支援する。

15 医療扶助とは生活保護受給者が医療機関で診療を受ける場合の医療費に充てるための扶助である。疾病や負傷などの簡易な治療の他、大病を患った場合の手術費など、治療に必要なあらゆる医療費は全て医療扶助で賄うことができ、その内容は通常の保険診療と変わらない。

16 インフォームド・コンセント（Informed consent）とは、「医師と患者との十分な情報を得た（伝えられた）上での合意」を意味する概念である。医師が説明をし、同意を得ること。特に、医療行為（投薬・手術・検査など）を治療の内容についてよく説明を受け十分理解した上で患者が自らの自由意志に基づいて医療従事者と方針において合意する（同意する）ことである。医療現場ではIC（アイシー）と呼ぶのが通常となっている。

17 初期医療（＝ Primary care）とは、身近にあって、何でも相談にのってくれる総合的な医療のことであり、日本では開業医がその任務を担っている。

18 言語聴覚士（Speech-Language-Hearing Therapist、略称：ST）は、言語や聴覚、音声、呼吸、認知、発達、摂食・嚥下に関わる障害に対して、その発現メカニズムを明らかにし、検査と

評価を実施し、必要に応じて訓練や指導、支援などを行う専門職である。

⑲　サーベイランス（Surveillance）とは調査監視のことである。一般に経済や感染症の動向を調査する場合に使用される。医療機関における感染症サーベイランスシステムは、発生届等の情報を医療機関・保健所・都道府県等の関係者間においてオンラインで共有するシステムである。感染症法に基づく発生届等について、医療機関は本システムへの入力によって保健所へ報告することが可能であり、令和5年4月1日より、医師が届出を行う場合には、本システムによる報告が努力義務化されている。

⑳　医療は積極的な利益を求めるものではないため、医療法人は株式会社に代表される営利法人と区別される。そのため、医療法人は剰余金の配当が法律によって禁止されている（医療法第54条）。医療法人には財団と社団があり、財団（医療法人財団）は寄付や拠出による提供財産が基盤となって設立されている。これは人の集まりが基盤となる社団（医療法人社団）とは異なる。持分が認められないことは同一だが、財団は財産の基盤がある都合上、社団より財産が安定していると言える。

設問2	解　答　欄
21	① ●
22	① ●
23	① ●
24	● ②
25	● ②
26	● ②
27	① ●
28	● ②
29	① ●
30	● ②

設問2
＜解説＞
　設問は、医療法第1条の5「病院」ならびに医療法第4条の「地域医療支援病院」についての問題である。

第1条の5

　この法律において、「病院」とは、医師又は歯科医師が、公衆又は特定多数人のため医業又は歯科医業を行う場所であって、20人以上の患者を入院させるための施設を有するものをいう。病院は、傷病者が、科学的でかつ適正な診療を受けることができる便宜を与えることを主たる目的として組織され、かつ、運営されるものでなければならない。

第4条

　国、都道府県、市町村、第42条の2第1項に規定する社会医療法人その他厚生労働大臣の定める者の開設する病院であって、地域における医療の確保のために必要な支援に関する次に掲げる要件に該当するものは、その所在地の都道府県知事の承認を得て地域医療支援病院と称することができる。（以下省略）

地域医療支援病院の概要（厚生労働省 HP より）

- 患者に身近な地域で医療が提供されることが望ましいという観点から、紹介患者に対する医療提供、医療機器等の共同利用の実施等を通じて、第一線の地域医療を担う掛かりつけ医、掛かりつけ歯科医等を支援する能力を備え、地域医療の確保を図る病院として相応しい構造設備等を有するものについて、都道府県知事が個別に承認する。

　※承認を受けている病院（令和 4 年 9 月現在）…685

1）主な機能

- 紹介患者に対する医療の提供（かかりつけ医等への患者の逆紹介も含む）
- 医療機器の共同利用の実施
- 救急医療の提供
- 地域の医療従事者に対する研修の実施

2）承認要件

- 開設主体：原則として国、都道府県、市町村、社会医療法人、医療法人等
- 紹介患者中心の医療を提供していること。具体的には、次のいずれかの場合に該当すること。
　　ア）紹介率が 80％を超えること
　　イ）紹介率が 65％以上であり、かつ、逆紹介率が 40％以上であること
　　ウ）紹介率が 50％以上であり、かつ、逆紹介率が 70％以上であること
- 救急医療を提供する能力を有すること
- 建物、設備、機器等を地域の医師等が利用できる体制を確保していること
- 地域医療従事者に対する研修を行っていること
- 原則として 200 床以上の病床、及び地域医療支援病院としてふさわしい施設を有すること等

設問3	解　　答　　欄
31	① ② ③ ④ ⑤ ⑥ ⑦ ⑧ ● ⑩
32	① ● ③ ④ ⑤ ⑥ ⑦ ⑧ ⑨ ⑩
33	① ② ③ ④ ⑤ ● ⑦ ⑧ ⑨ ⑩
34	① ② ● ④ ⑤ ⑥ ⑦ ⑧ ⑨ ⑩
35	① ② ③ ● ⑤ ⑥ ⑦ ⑧ ⑨ ⑩
36	① ② ③ ④ ● ⑥ ⑦ ⑧ ⑨ ⑩
37	① ② ③ ④ ⑤ ⑥ ⑦ ⑧ ⑨ ●
38	① ● ③ ④ ⑤ ⑥ ⑦ ⑧ ⑨ ⑩
39	① ② ③ ④ ⑤ ⑥ ⑦ ● ⑨ ⑩
40	① ② ③ ④ ⑤ ⑥ ● ⑧ ⑨ ⑩

設問3

＜解説＞

　設問は「保険診療の仕組み」の問題である。医療事務員にとっては必須の知識のため、これまでも何度も出題している。今回は医療保険の種類と審査支払機関との結びつきも問う問題とした。

設問4	解　答　欄				
41	●	②	③	④	⑤
42	①	②	③	④	●
43	●	②	③	④	⑤
44	①	●	③	④	⑤
45	①	②	●	④	⑤
46	●	②	③	④	⑤
47	①	②	③	④	●
48	①	②	●	④	⑤
49	①	●	③	④	⑤
50	①	②	③	●	⑤

設問4
＜解説＞

41　医療法人は健康保険の適用事業所であり、正職員は被保険者となる。

42　B、C、D、Eの一家は、健康保険の適用事業所の被用者はいない。従って、全ての者が国民健康保険の被保険者となる。

43　a. 業務外の治療は公的医療保険の対象となる（交通事故（第三者行為）も例外ではない）。

　　b. 診断書の作成費用は全て患者負担となる。

　　c. 予防接種は公的医療保険の対象外である。

44　国民健康保険中央会とは、国民健康保険事業および介護保険事業の普及などを実施する公益法人である（保険者とは異なる）。

45　オンライン資格確認システムは被保険者証として利用登録が済んだマイナンバーカードの使用を前提とするが、当面は被保険者証でも資格確認が可能である。

46　「国民健康保険団体連合会」は国民健康保険および後期高齢者医療、「社会保険診療報酬支払基金」は被用者保険および公費単独の審査支払を行う。

47　a～cは全て公的医療保険の保険者の業務である。

48　被保険者および被保険者を使用する事業主は、それぞれ保険料額の二分の一ずつを負担する（健康保険法第161条。特例は第162条）。

49　二重指定制を問う問題である。保険薬剤師の登録は、保険薬局における保険調剤を行う際には登録が必要であるが、病院内で調剤を行う際にはその必要はない。aおよびbは必須である。

50　健康保険の被保険者の一部負担割合は3割である。残り7割は保険者から給付される。

【医学的基礎知識、医療関連知識】

設問1	解　答　欄									
1	①	②	③	●	⑤	⑥	⑦	⑧	⑨	⑩
2	①	②	●	④	⑤	⑥	⑦	⑧	⑨	⑩
3	●	②	③	④	⑤	⑥	⑦	⑧	⑨	⑩
4	①	②	③	④	⑤	●	⑦	⑧	⑨	⑩
5	①	②	③	④	●	⑥	⑦	⑧	⑨	⑩
6	①	②	③	④	⑤	⑥	●	⑧	⑨	⑩
7	①	●	③	④	⑤	⑥	⑦	⑧	⑨	⑩
8	①	②	③	④	⑤	⑥	⑦	●	⑨	⑩
9	①	②	③	④	⑤	⑥	⑦	⑧	⑨	●
10	①	②	③	④	⑤	⑥	⑦	⑧	●	⑩

設問1
＜解説＞

　神経系の基礎を問いかけている問題である。知識として持っておくべき重要な分野である。
神経系は大きく中枢神経と末梢神経に分類される。

　中枢神経は脳・脊髄だけだと覚えておけば良い。脳は、大脳・中脳・小脳・延髄ほか、細かく
分類されるがそこまで詳細に覚える必要はないであろう。生命活動を統括する最も重要な領域で
あるために脳や脊髄は、神経の塊と考えておけば良い。神経は神経線維と神経細胞（問題文中で
は細胞体）で出来ており、解剖すると脳や脊髄は綺麗に色が違って見える。神経細胞が集まって
いる部分は、グレーに見えるため灰白質 (Gray matter) と呼び、神経線維が集まり白く見える部分
は、白質 (White matter) と呼ばれている。

　末梢神経は、中枢神経系以外の神経系、すなわち脳と脊髄以外の神経のことを指す。脳神経と
か脊髄神経とか呼ばれる神経があるために中枢神経と間違えやすい。中枢神経だけ覚えて、あと
は全て末梢神経と理解しておくと間違えることはない。この末梢神経系は、さらに大きく二つ自
律神経系と体性神経系に分かれる。図を参照のこと。

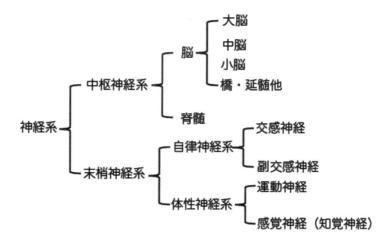

33

この自律神経の末端（終末点）には、神経受容体が存在していて、身体の組織・臓器に張り巡らされている。

　手のひらを尖った物で刺激したり、熱かったり冷たかったりするものに触れると、「痛い！ 冷たい！ 熱い！」と感じる。これは全て末梢神経の一つである感覚神経の受容体が刺激されて、その刺激が中枢神経にまで到達して、「今自分は、熱い、冷たい、痛い物に触れている」と判断しているからである。その後中枢神経は即座に「逃げるべきか受け入れるべきか」の指令を出す。そして、運動神経は中枢神経が指示したように筋肉を刺激して身体を動かす。神経系はこのような流れで機能している。

　一方、自律神経は交感神経と副交感神経に分かれており、お互いが反対の指示を、自分たちの意思に関係なく臓器や組織に出す。身体は経験のない事象に遭遇する場合は、本能的に危険を察知して身体を無意識に守る方向に働き、交感神経が興奮する。　一方、身体に危害が加わらない安全な環境と判断すると、副交感神経が興奮すると覚えておこう。このように自律神経は、身体が置かれた環境でできるだけ一定に保てるように、心拍や体温や呼吸などを調節している。これを恒常性（ホメオスタシス：homeostasis）と呼ぶ。そして、交感神経と副交感神経がお互い一つの臓器の機能に対して正反対の指令を出して、一定に臓器の機能を維持することを、相反性二重支配とよぶ。

　今回の設問は、解答を要求する語句が、問題文中に複数出現すると、問題文に空欄を作らねばならず、問題文に対して空欄が多すぎ、極めて難解になってしまい出題者にとっては理解できる文章も、第三者には文章が成立しなくなる。また、本設問と設問5の1で用語が統一されていない。試験問題の用語の統一性についても問題作成者は特に注意すべきである。

設問2	解　答　欄	
11	●	②
12	①	●
13	●	②
14	①	●
15	●	②
16	●	②
17	①	●
18	①	●
19	●	②
20	●	①

設問2
＜解説＞

11　○

12　×：橈骨は腕の骨であるが、腓骨は足の骨である。

13　○：赤血球の成分ではなく、赤血球に含まれるヘモグロビンとすべきである。

14　×：心臓を構築している筋肉は心筋で、横縞模様が見られる不随意筋である。

⑮　○：これを肺循環と呼ぶ。

⑯　○

⑰　×：十二指腸に開口する膵管を通して十二指腸に分泌される。

⑱　×：後葉である。

⑲　○

⑳　×：性染色体である。

設問 3　記述問題

21 こうそく	22 へいかつきん	23 ぞうげしつ	24 がんけん	25 どんつう
26 けっぺい	27 しつがいこつ	28 ふんごう	29 かぎゅう	30 さんじょくき

設問 3
<解説>

㉑　こうそく

㉒　へいかつきん

㉓　ぞうげしつ

㉔　がんけん

㉕　どんつう

㉖　けっぺい

㉗　しつがいこつ

㉘　ふんごう

㉙　かぎゅう

㉚　さんじょくき

設問4

設問4	①	②	③	④	⑤	⑥	⑦	⑧	⑨	⑩
31							●			
32	●									
33									●	
34				●						
35			●							
36								●		
37					●					
38										●
39						●				
40		●								

設問4
＜解説＞

③1 Polymerase（ポリメラーゼ）Chain （鎖）Reaction（反応）＝（連鎖反応）

③2 Electro（電気）Encephalo（脳） Graph（図）：電気脳図：脳電図＝脳波

③3 Phono（音）Cardio（心臓）Graph（図）：心音図

③4 White（白）Blood（血液）Cell（球）：白血球

③5 Electro（電気）Cardio（心臓）Graph（図）：心電図

③6 PLaTelets（血小板）

③7 Adreno（副腎）Cortico-Tropic（皮質 - 刺激）Hormone（ホルモン）

③8 Uric（尿）Acid（酸）

③9 Blood（血中）Urea（尿素）Nitrogen（窒素）

④0 Blood （血液）Sugar（糖）：血糖

設問5

設問5	①	②	③	④	⑤
41		●			
42				●	
43	●				
44					●
45					●
46			●		
47					●
48			●		
49	●				
50					●

設問5
＜解説＞

④1 神経は、細胞体（この設問で言う神経細胞体）と軸索（神経繊維）そして細胞体から出る樹状突起である。従って答えは②。

36

42 これは覚える以外にないが、アルドステロンは副腎皮質から分泌される血圧調節や電解質の調節にかかわるホルモン。性別や性機能に影響しない。テストステロンは男性ホルモン、プロゲステロン、エストラジオールは女性ホルモン。従って答えは④。

43 これも覚える以外にない。ツチ、キヌタ、アブミ骨は３つ揃って中耳に存在する耳小骨と定義している。オトガイ骨は顎の骨である。従って答えは①。

44 肝臓は、合成・貯蔵・分泌・解毒（代謝）の４つの機能が主体である。ただし内分泌機能はないし、また消化酵素の分泌もしない。胆汁を産生しリパーゼによる脂質の消化吸収を効率的にできるように助ける。そして出来た脂肪や糖質を蓄える。従って答えは⑤。

45 脳頭蓋ではなく、「頭蓋骨の中で脳頭蓋を構成する骨はどれか」と設問するべきと思う。これは全部である。従って答えは⑤。

46 「生成された尿の排尿経路はどれか」とすべきである。ネフロンで生成された尿は、尿細管を経由して腎盂に集合し尿管を経て膀胱に蓄積される。その後尿道を経て体外に排泄される。従って答えは③。

47 ブドウ糖（グルコース）、果糖（フルクトース）、ガラクトースは、単糖類（６単糖とも言う）に分類されほぼ同じ性質を持つが、フルクトースとガラクトースは、各々ショ糖（砂糖）と乳糖といった二糖類の構成糖質の一つである。デンプンはブドウ糖がつながった多糖類のことであり、アミラーゼで加水分解されると麦芽糖にまで分解され、その後グルコシダーゼでブドウ糖にまで分解される。従って答えは⑤。

48 これは難しいかもしれないし、理屈抜きで覚える必要がある。振子・分節・蠕動運動である。従って答えは③。

49 心臓の存在で左肺は上葉と下葉のみの２枚で構成されている。従って答は①。

50 赤血球（RBC）は酸素運搬、血小板（PLT）は止血、白血球（WBC）は生体防御、すなわち異物の貪食による無毒化、外来侵入物からの防衛のための免疫機能（抗体産生）にかかわる。従って答えは⑤。

第71回問題　解答・解説

【医療秘書実務】

設問1	解　　答　　欄
1	① ② ③ ④ ● ⑥ ⑦ ⑧ ⑨ ⑩
2	① ② ③ ④ ⑤ ⑥ ⑦ ⑧ ⑨ ●
3	① ② ③ ④ ⑤ ⑥ ⑦ ● ⑨ ⑩
4	① ② ③ ④ ⑤ ⑥ ⑦ ⑧ ● ⑩
5	① ② ③ ④ ⑤ ● ⑦ ⑧ ⑨ ⑩

設問1
<解説>

　患者に接する仕事は、現場の最前線で患者やその家族と医療機関の間の接点に立つことといえる。

　スタッフの役割は、患者の状況や心理を客観的にとらえ、安心して治療を受けられるようにすることである。さらに、自宅に戻れるように、健康を維持できるように、できるだけ幸福に生活を送れるようにサポートすることである。それぞれの職種の立場から専門性を発揮して、サービスを提供することに意義があるといえる。患者第一というとらえ方をすれば、おのずと解答は導き出せる。

設問2	解　答　欄
6	① ●
7	① ●
8	● ②
9	● ②
10	● ②

設問2
<解説>

⑥　×：誤り。再啓は頭語である。謹啓に対する結語は敬白、敬具または謹言である。

⑦　×：誤り。早々ではなく草々である。

⑧　○：正しい。

⑨　○：正しい。

⑩　○：正しい。冠省は前文を省略するときに使われ、結語は草々や不一を用いる。

【医療機関の組織・運営、医療関連法規】

設問1	解　　答　　欄
11	① ② ③ ● ⑤ ⑥ ⑦ ⑧ ⑨ ⑩
12	● ② ③ ④ ⑤ ⑥ ⑦ ⑧ ⑨ ⑩
13	① ● ③ ④ ⑤ ⑥ ⑦ ⑧ ⑨ ⑩
14	① ② ③ ④ ⑤ ⑥ ⑦ ⑧ ● ⑩
15	① ② ③ ④ ⑤ ⑥ ● ⑧ ⑨ ⑩
16	① ② ③ ④ ⑤ ⑥ ⑦ ⑧ ⑨ ●
17	① ② ③ ④ ⑤ ● ⑦ ⑧ ⑨ ⑩
18	① ② ③ ④ ● ⑥ ⑦ ⑧ ⑨ ⑩
19	① ② ● ④ ⑤ ⑥ ⑦ ⑧ ⑨ ⑩
20	① ② ③ ④ ⑤ ⑥ ⑦ ● ⑨ ⑩

設問1
<解説>

　現在の医療制度を理解するうえで、医療・病院発展の歴史は必須の知識である。医療史に関する問題は、2級を含めて頻繁に出題されているので、文中の（　）の中に解答を当てはめ、何度も熟読すると良い。

　日本において西洋医学でいう「病院」という概念が広まったのは、明治新政府が1868年に医療として西洋医学を全面的に採用するとした「西洋医術許可の布告」を出して以降のことである。

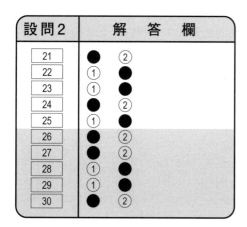

設問2	解　答　欄
21	● ②
22	① ●
23	① ●
24	● ②
25	① ●
26	● ②
27	● ②
28	① ●
29	① ●
30	● ②

設問2
<解説>

21　○：正しい。

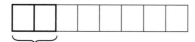

法別番号

　保険者番号は被用者保険と後期高齢者医療は8桁、国民健康保険は6桁で構成されており（退職者医療は8桁）、8桁の最初の2桁を法別番号（規定している法令を区別する番号）という。

　2024年現在の法別番号は以下の通りである。

法別番号	医療保険の名称
01	全国健康保険協会管掌健康保険（協会けんぽ）
02	船員保険
03	日雇特例被保険者の保険（一般療養）
04	日雇特例被保険者の保険（特別療養費）
06	組合管掌健康保険
07	防衛省職員給与法による自衛官等の療養の給付
31	国家公務員共済組合
32	地方公務員等共済組合
33	警察共済組合
34	公立学校共済組合　日本私立学校振興・共済事業団
39	高齢者の医療の確保に関する法律による療養の給付
63	特定健康保険組合（特例退職被保険者）
67	国民健康保険法による退職者医療
72	国家公務員特定共済組合
73	地方公務員等特定共済組合
74	警察特定共済組合
75	公立学校特定共済組合　私立学校振興・共済事業団

法別番号を理解することは、医療事務員の基本的知識である。

22　×：誤り。個人で医療機関を開設するとするならば設問の通りであるが、実際には公的機関
や法人による開設が認められている。参考までに開設者別の施設数を下記に記す。

		病院数	一般診療所数
総数		8,125	105,408
国	厚生労働省	14	19
	独立行政法人国立病院機構	140	-
	国立大学法人	47	146
	独立行政法人労働者健康安全機構	32	1
	国立高度専門医療研究センター	8	-
	独立行政法人地域医療機能推進機構	57	4
	その他	18	362
都道府県		187	287
市町村		596	3,407
地方独立行政法人		131	35
日本赤十字社		91	204
済生会		83	54
北海道社会事業協会		7	-
全国厚生農業協同組合連合会		97	64
国民健康保険団体連合会		-	-
健康保険組合及びその連合会		6	268
共済組合及びその連合会		39	132

	病院数	一般診療所数
国民健康保険組合	1	13
公益法人	187	474
医療法人	5,655	46,742
私立学校法人	113	197
社会福祉法人	201	10,454
医療生協	80	289
会社	26	1,573
その他の法人	199	1,212
個人	110	39,471

参考：厚生労働省医療施設動態調査（令和 5 年 9 月現在）

23　×：誤り。各病床とも、病室の床面積は内法で患者 1 人につき、6.4 ㎡とする。ただし、経過措置により、診療所、療養病床を除く建物に係る病室の床面積は、内法で患者 1 人につき 4.3 ㎡以上とする（医療法第 21 条、医療法施行規則第 16 条）。

24　○：正しい。

24　×：誤り。助産所は、妊婦、産婦又は褥婦 10 人以上の入所施設を有してはならない（医療法第 2 条）。

26　○：正しい。

27　○：正しい。21の解説を参照のこと。

28　×：誤り。原則として被保険者により生計を維持する 3 親等以内の親族である（健康保険法第 3 条第 7 項）。

29　×：75 歳の誕生日から資格取得となる（高齢者医療確保法第 52 条・53 条）。

30　○：正しい。

設問 3	解　　答　　欄
31	① ② ③ ④ ⑤ ⑥ ⑦ ● ⑨ ⑩
32	① ② ③ ④ ⑤ ⑥ ⑦ ⑧ ● ⑩
33	● ② ③ ④ ⑤ ⑥ ⑦ ⑧ ⑨ ⑩
34	① ② ③ ④ ● ⑥ ⑦ ⑧ ⑨ ⑩
35	① ② ③ ④ ● ⑥ ⑦ ⑧ ⑨ ⑩
36	① ● ③ ④ ⑤ ⑥ ⑦ ⑧ ⑨ ⑩
37	① ② ● ④ ⑤ ⑥ ⑦ ⑧ ⑨ ⑩
38	① ② ③ ④ ⑤ ⑥ ● ⑧ ⑨ ⑩
39	① ② ③ ④ ⑤ ● ⑦ ⑧ ⑨ ⑩
40	① ② ③ ● ⑤ ⑥ ⑦ ⑧ ⑨ ⑩

設問 3
＜解説＞
　設問は日本の「医療保障制度」の問題である。国民皆保険制度のもと、国民すべてが何かしらの医療保険に加入するのが、日本の公的保険制度の最大の特徴である。このことにより、他国に

比べ、高額な医療費を支払うことなしに、通常の医療を受けることが可能となる。詳細は（株）建帛社刊『三訂医療関連法規』のP92等を参照し学習すること。

設問4	解 答 欄				
41	①	②	●	④	⑤
42	①	②	③	④	●
43	●	②	③	④	⑤
44	①	●	③	④	⑤
45	①	②	③	●	⑤
46	●	②	③	④	⑤
47	①	②	③	④	●
48	①	②	●	④	⑤
49	①	②	③	●	⑤
50	①	●	③	④	⑤

設問4
＜解説＞

「療養費の支給」の関する問題である。（　）の中に解答を当てはめ熟読すること。参考までに療養費として支給される例を下記に記す。

1）保険医療機関が近くにないか、または利用できない場合。

2）旅行中等に急病等になり被保険者証を持ち合わせていなかったとき。

3）被保険者資格取得届の提出が遅れて、被保険者証の交付を受ける前に負傷等をしたとき。

4）コルセット、ギプスまたは義眼等の治療用装具を作ったとき。

5）保険医が必要と認めた柔道整復師や、鍼灸師の施術を受けたとき。

6）生血液の輸血を受けたとき。

7）小児弱視等の治療で眼鏡やコンタクトレンズを作成したとき。

8）四肢のリンパ浮腫治療のための弾性着衣等を購入したとき。

【医学的基礎知識、医療関連知識】

設問1	解 答 欄									
1	①	②	③	④	⑤	●	⑦	⑧	⑨	⑩
2	①	②	●	④	⑤	⑥	⑦	⑧	⑨	⑩
3	●	②	③	④	⑤	⑥	⑦	⑧	⑨	⑩
4	①	②	③	④	⑤	⑥	⑦	⑧	●	⑩
5	①	②	③	④	●	⑥	⑦	⑧	⑨	⑩
6	①	②	③	④	⑤	⑥	●	⑧	⑨	⑩
7	①	②	③	④	⑤	⑥	⑦	⑧	⑨	●
8	①	②	③	④	⑤	⑥	⑦	●	⑨	⑩
9	①	●	③	④	⑤	⑥	⑦	⑧	⑨	⑩
10	①	②	③	●	⑤	⑥	⑦	⑧	⑨	⑩

設問1
<解説>

　腎臓の基礎を問いかけている問題である。

　腎臓はひと言でいうと「老廃物を排泄する」臓器である。

　腎臓の重要な働きのひとつに、血液中の老廃物や塩分を「ろ過」し、尿として身体の外に排出することがある。腎臓には、腎小体と尿細管を合わせたネフロンとよばれる構成単位がある。腎小体は1個の腎臓に100万個以上存在する直径0.2mmほどの球形で、毛細血管の固まりである糸球体とこれを包むボウマン嚢とから成る。

　糸球体でろ過された尿は原尿と呼ばれ、1日におよそ150リットルにもなる。排泄される尿は1.5リットル程度なので、99%は再吸収される。この再吸収の働きをするのが尿細管である。糸球体でろ過された原尿には、老廃物以外に、アミノ酸やブドウ糖などの栄養素や、ナトリウムやカリウム、リン、マグネシウムなどさまざまなミネラル(電解質)も含まれている。このような身体にとって必要な成分を再吸収することにより、体内の水分量を一定に保ち、ミネラルのバランスを調整する。

　さらに腎臓には生体恒常性の維持に関わる各種ホルモンを産生する役割がある。腎臓の間質で作られるエリスロポエチンは、赤血球の前駆細胞に働きかけ、赤血球の産生を亢進させる。慢性腎臓病が進行すると、エリスロポエチンの産生が不十分となり、貧血(腎性貧血)になる。また、カルシウムとリンの吸収に関与するビタミンDは腎臓で活性化される。慢性腎臓病が進行すると、ビタミンDを活性化することができず、骨がもろくなり、骨やミネラルの代謝異常をきたす。さらに、腎臓の傍糸球体細胞からレニン(血圧調節ホルモン)が分泌される。レニンは、血中のアンジオテンシノーゲンを活性化しアンジオテンシンⅠを産生する。さらに、アンジオテンシンⅠは、アンジオテンシン変換酵素(ACE)の働きを受けて、アンジオテンシンⅡへと変化する。

　アンジオテンシンⅡは、血管収縮作用(血圧上昇作用)やアルドステロンの分泌を促進する作用をもつ。なんらかの病変により腎動脈が狭窄し、腎臓への血流が低下するとレニンの産生が亢進し、高血圧となる。これを腎血管性高血圧という。

設問2	解　答　欄	
11	●	②
12	①	●
13	①	●
14	●	②
15	●	②
16	●	②
17	①	●
18	①	●
19	●	②
20	①	●

設問2

＜解説＞

11　○

12　×：脳の中には前方循環を担当する内頸動脈、そこから枝分かれした中・前大脳動脈、後方循環を担当する椎骨動脈から続く脳底動脈、その枝である後大脳動脈などがある。外頸動脈は、心臓血管である上行大動脈から分枝してできる左右の総頸動脈から分枝する動脈の一つ。

13　×：脊髄神経は、左右31対ある。頸神経8対、胸神経12対、腰神経5対、仙骨神経5対、尾骨神経1対という構成である。

14　○

15　○

16　○

17　×：上気道は、鼻から鼻腔、鼻咽腔、咽頭、喉頭までをいう。

18　×：小腸の壁は粘膜、粘膜筋板、粘膜下層、筋層、漿膜からなっており、ケルクリングヒダ（Kerckring's fold（輪状ヒダ））が存在する。

19　○

20　×：門脈圧亢進症は、一般的に肝硬変の合併症として発症することが多い。

設問3　記述問題

21 どうぼうけっせつ	22 こまく	23 いひろうかん	24 きょうかく	25 ようついせんし又はようつうせんし
26 だいどうみゃく	27 きかん	28 けっちょう	29 けっしょう	30 こうじょうせん

44

設問 3
＜解説＞

21　どうぼうけっせつ：心臓の右心房付近にあるペースメーカーの役目をする心筋の集まり。

22　こまく：外耳と中耳の間にある膜。

23　いひろうかん：特に強い運動をしたわけでもないのに、動くことが苦痛なほどだるいこと。

24　きょうかく：肺や心臓にある胸腔を囲む形の筒状の骨格。

25　ようついせんし：髄液採取や造影剤、治療薬などを投入する際に脊髄腔に針を刺すこと。

26　だいどうみゃく：左心室から出て、全身に血液を送り出すための血管。

27　きかん：喉頭から肺まで続く 10 〜 11cm の細長い空気の通り道。

28　けっちょう：大腸のこと。

29　けっしょう：血液より血球成分を除いた液体成分。

30　こうじょうせん：頸部前方で咽頭を下から支えるように取り囲む組織。

設問 4	解 答 欄									
31	①	②	③	④	●	⑥	⑦	⑧	⑨	⑩
32	①	②	③	④	⑤	⑥	⑦	●	⑨	⑩
33	①	②	③	④	⑤	⑥	●	⑧	⑨	⑩
34	①	②	③	④	⑤	⑥	⑦	⑧	⑨	●
35	①	②	③	④	⑤	⑥	⑦	⑧	●	⑩
36	①	●	③	④	⑤	⑥	⑦	⑧	⑨	⑩
37	①	②	③	●	⑤	⑥	⑦	⑧	⑨	⑩
38	①	②	③	④	⑤	●	⑦	⑧	⑨	⑩
39	①	②	●	④	⑤	⑥	⑦	⑧	⑨	⑩
40	●	②	③	④	⑤	⑥	⑦	⑧	⑨	⑩

設問 4
＜解説＞

31　基礎代謝：Basal（基礎）Metabolism（代謝）

32　筋電図：Electro（電気）Myo（筋）Gram（図）

33　成長ホルモン：Growth（成長）Hormone（ホルモン）

34　心電図：Electro（電気）Cardio（心臓）Gram（図）

35　冠疾患集中治療：Coronary（心臓血管）Care（治療）Unit（単位、ユニット）

36　ヒト免疫不全ウイルス：Human（ヒト）Immunodeficiency（免疫不全）Virus（ウイルス）

37　C– 反応性タンパク：C-Reactive（反応）Protein（タンパク）

38　空腹時血糖：Fasting（空腹時）Blood（血液）Sugar（糖）

39　B 型肝炎：Hepatitis（肝炎）B

40　経口ブドウ糖負荷試験：Oral（経口）Glucose（ブドウ糖）Tolerance（寛容）Test（試験）

設問 5	解　答　欄			
41	● ② ③ ④ ⑤
42	① ● ③ ④ ⑤
43	① ② ③ ● ⑤
44	① ② ● ④ ⑤
45	① ② ③ ● ⑤
46	① ② ③ ④ ●
47	① ● ③ ④ ⑤
48	● ② ③ ④ ⑤
49	① ② ● ④ ⑤
50	① ② ③ ④ ●

設問 5
<解説>

41　下肢には、大腿骨・脛骨・腓骨・足根骨・中足骨・踵骨がある。従って答えは①。

42　血清は血漿から血液凝固に関わるたんぱく質（フィブリノゲンなど）を除いたものになる。従って答えは②。

43　脳幹は、中枢神経系を構成する器官集合体の一つ。狭義には中脳と延髄と橋のみを指す。従って答えは④。

44　消化酵素は「タンパク質分解に関わる酵素」「デンプン分解に関わる酵素」「脂肪分解に関わる酵素」に大別され、タンパク質を分解する酵素の総称が「プロテアーゼ」で、プロテアーゼには「ペプシン」や「トリプシン」「ペプチダーゼ」などがある。デンプン分解酵素として、唾液や膵液に含まれる「アミラーゼ（ジアスダーゼ）」、脂肪分解酵素としては膵液に含まれる「リパーゼ」がある。従って答えは③。

45　肺で酸素を受け取った血液（動脈血）は左心房から左心室へ送られ、大動脈を通って全身をめぐり、酸素を届ける。従って答えは④。

46　脳神経は 12 対の神経から構成され、脳の下方から出て頭、頚部、体幹部へと伸びている。
　・第 I 脳神経－嗅神経
　・第 II 脳神経－視神経
　・第 III 脳神経－動眼神経
　・第 IV 脳神経－滑車神経
　・第 V 脳神経－三叉神経
　・第 VI 脳神経－外転神経
　・第 VII 脳神経－顔面神経
　・第 VIII 脳神経－内耳神経（聴神経）
　・第 IX 脳神経－舌咽神経
　・第 X 脳神経－迷走神経
　・第 XI 脳神経－副神経
　・第 XII 脳神経－舌下神経

従って答えは⑤。

覚えるための語呂合わせがいくつかあるが、紹介すると「嗅いで視る動く車の三つの外、顔聴く舌は迷う副舌」あるいは「急に自動車三転、顔ない、舌迷う服下」という例がある。

47 人体の内分泌器官としては、下垂体、甲状腺、副腎、卵巣、精巣（表）の他、松果体、脳、肝臓、心臓、膵臓、腎臓などがある。これら器官から、ホルモンが、人体の発達や発育などに対応した適切な時期に、適切な量が分泌される。従って答えは②

48 脳の実質はとても柔らかい組織のため、頭蓋骨や髄膜により保護されている。

最も外側にあるのが頭蓋骨です。その下に脳・脊髄を完全に包み込む３層の髄膜（硬膜、くも膜、軟膜）がある。従って答えは①。３級の問題としてここまで細かい出題が必要かは疑問である。

49 唾液腺とは、唾液を分泌する器官で口腔に開口し、大唾液腺、小唾液腺に分類される。三大唾液腺として、耳下腺、顎下腺、舌下腺が左右一対ずつ存在する。

小唾液腺は口唇腺、口蓋線、頬腺、舌腺、臼後腺、舌口蓋腺などがある。唾液は95％が大唾液腺から分泌される。耳下腺からは漿液性の唾液が分泌され、顎下腺や舌下腺からは粘液性の唾液が分泌される。従って答えは③。

50 不随意筋は自分の意志では動かすことが出来ない筋肉である。運動神経ではなく、自律神経の支配を受ける筋肉で、心臓の心筋（横紋筋）、血管を構成する平滑筋や内臓などの平滑筋がある。従って答えは⑤。

本実問題集の内容についてのお問い合わせは

医療秘書教育全国協議会
TEL.03-5675-7077
FAX.03-5675-7078

までお願い致します。

■解説執筆者
　医療秘書実務
　医療機関の組織・運営、医療関連法規
　　西方　元邦
　医学的基礎知識、医療関連知識
　　河野　浩行

2024年度版
医療秘書技能検定実問題集3級①

2024年4月30日　　　初版第1刷発行

編　者　医療秘書教育全国協議会試験委員会©
発行者　佐藤　秀
発行所　株式会社つちや書店
　　　　〒113-0023　東京都文京区向丘1-8-13
　　　　TEL 03-3816-2071　FAX 03-3816-2072
　　　　http://tsuchiyashoten.co.jp